Randolf und Britta Wetzel

7000 INSELN

Mission
auf den Philippinen

Verlag Peter Assmus

KLETOS-Memoiren 203
ISBN 3-924389-23-3
© 1998 by Verlag Peter Assmus, 64658 Fürth-Erlenbach
Fotos: Randolf Wetzel und OHM-Archiv
Zeichnungen: Erwin Buchmann
Gesamtherstellung:
St.-Johannis-Druckerei, 77922 Lahr

Inhaltsverzeichnis

VORWORT

Kurz vor dem Jahr 2000 werden es 25 Jahre, daß die Odenwälder Heidenmission e.V. auf dem Missionsfeld der Philippinen arbeitet. Dies ist der Anlaß, mit dem Buch ›7000 INSELN‹, einen Rückblick auf die vergangenen, bewegten Jahre zu machen.

Wir glauben auch, daß wir es unseren Missionsfreunden schuldig sind, eine solche Dokumentation zusammenzustellen, haben sie uns doch in diesen Jahren treu geholfen. Gemeinsam dürfen wir Gott danken. Wir dürfen uns dabei an das Wort erinnern: »Und wisset, daß eure Arbeit in dem HErrn nicht vergeblich gewesen ist.«

Bei der Fülle des Materials, sowohl an Berichten als auch an Bildern, war es uns nicht leicht gewesen, die Auswahl zu treffen. Irgendwo mußten wir Grenzen ziehen. Aber wir glauben, mit Gottes Hilfe das wiederzugeben, was einen umfassenden Eindruck dieser wunderbaren Missionsarbeit vermittelt.

Randolf und Britta Wetzel waren die letzten ›ständigen‹ Missionare auf den Philippinen. Sie wohnten und wirkten dort zehn Jahre lang. Die meisten Photos in unserem OHM-Archiv verdanken wir Randolf, die meisten Aufzeichnungen und Berichte seiner Frau Britta. Dies trug wesentlich dazu bei, dieses Buch so zu gestalten wie es geworden ist. Seit 1989 liegt die Verantwortung der umfangreichen Arbeit auf den Philippinen in einheimischen Händen. So ist es zur Zeit nicht zwingend, ständige deutsche Missionare dort zu haben. Einsätze von wenigen Monaten werden aber immer wieder unternommen, um auf manche Weise draußen zu dienen, zu helfen und zu assistieren.

In all den vielen Jahren ist keiner unserer Missionare zu Schaden gekommen. Oft in schwierigen Situationen und Gefahren hat doch der treue Gott seine bewahrenden Hände über alle gehalten. Ihm und unserem Herrn Jesus Christus dafür Dank und Ehre!

Als Gründer und Leiter der Odenwälder Heidenmission e.V. und im Namen des Vorstands und aller Mitarbeiter, wünsche ich jedem Leser eine gesegnete Lektüre. Möge dieses Buch neue Freunde gewinnen, die ›ein Herz für die Mission‹ bekommen.

Peter Assmus

Persönliche Zeugnisse und Erfahrungen

Von Randolf und Britta Wetzel

EINE UNVERGESSLICHE BOOTSREISE

Wir, meine Frau Britta und ich, waren gerade vor vier Wochen auf den Philippinen angekommen mit dem Ziel, die nächsten zwei Jahre als Missionare der Odenwälder Heidenmission dort tätig zu sein. Eine Freundin von uns aus unserer Gemeinde in Heppenheim hatte uns die ersten drei Wochen begleitet, mußte aber nun wieder zurück nach Deutschland reisen. Wir hatten beschlossen, sie gemeinsam nach Manila zu bringen und stellten uns vor, per »Island-Hopping«, von einer Insel zur anderen reisend, wieder nach Cebu zurückzukehren. Doch Britta wurde krank und mußte in Cebu City bei Familie Edgar Bantigue bleiben.

Nachdem ich Helga am Flughafen in Manila verabschiedet hatte, nahm ich einen Bus, der mich zur Südspitze der Insel Luzon brachte und setzte mit einer Fähre zur Insel Mindoro, nach Puerta Galera, über. Von dort ging es mit einem Jeepney weiter. Dies ist ein Kleinbus, den man überall auf den Philippinen antrifft. Diese Busse sind meistens bunt bemalt und mit Fahnen, Metallpferden oder anderen Gegenständen auf der Kühlerhaube geschmückt. Es ist erstaunlich, wieviele Menschen, dazu noch Hühner, Gänse und anderes Gepäck im Inneren eines Jeepneys Platz finden. Bei diesem Jeepney mußten dann einige Hühner aufs Dach verfrachtet werden. Die ließen dann auch prompt etwas fallen, einem der Mitreisenden aufs Hemd.

Während der Fahrt machte ich die Bekanntschaft mit einem Filippino, der mich zu sich ins Haus einlud. Er war Adventist. Bei ihm konnte ich übernachten und lernte dabei die berühmte philippinische Gastfreundschaft kennen. Meine Englischkenntnisse waren damals noch sehr schwach und so mußte ich mich auf einfache Konversation beschränken.

Von dort wollte ich dann weiter nach Roxas, einer Stadt im Südosten von Mindoro, um dann mit einem Boot zur Insel Tablas überzusetzen. Doch es war ein Taifun angesagt. Kein Schiff konnte den Hafen von Roxas anfahren oder verlassen.

Jetzt saß ich für zwei Tage in einem Strandhaus fest. Das Meer war sehr unruhig. Aber ansonsten spürte ich nichts von einem Taifun. Inzwischen waren wir etwa 17 Leute, die alle hofften bald nach Tablas fahren zu können.

Am Vormittag des dritten Tages erklärte sich ein junger Fischer bereit, uns alle mit seinem Fischerboot nach Tablas zu bringen. Er erhoffte sich vermutlich auf diesem Weg einen kleinen Nebenverdienst. Schnell räumte er seine Netze aus und wir stiegen alle ein. Ich war der einzige Ausländer.

Das Meer schien sich beruhigt zu haben. Die Sonne strahlte über uns. Aber nach einigen Stunden Fahrt setzte der Bootsmotor aus. Zu diesem Zeitpunkt war das Meer bereits wieder sehr aufgewühlt und wir wurden von den Wellen stark hin und her geschaukelt. Eine Mitreisende mußte sich übergeben. Der Fischer konnte den Motor wieder in Gang bringen, aber es dauerte nicht lange und wieder versagte er. Das Ganze wiederholte sich dann noch einige Male.

Mir war es inzwischen mulmig geworden und Furcht wollte mich beschleichen. Aber ich konnte mir nicht vorstellen, daß mich Gott als Missionar auf die Philippinen gesandt hatte, um mich dann schon in den ersten Wochen hier im Meer umkommen zu lassen.

Während wir nun hier auf dem philippinischen Meer von den starken Wellen geschaukelt wurden, kam mir wieder ein Erlebnis in die Gedanken, das bereits zehn Jahre zurück lag:

Es war Januar 1976. Ich hatte das Nötigste in einem kleinen Rucksack verstaut und fuhr mit dem Zug nach Italien. Dort begab ich mich auf ein Frachtschiff, das auch Personen mitnahm. Mein Ziel war Israel. Hinter mir lagen bereits viele bewegte Jahre. Nachdem sich meine Eltern hatten scheiden lassen, fühlte ich mich ganz ›vogelfrei‹ und wollte jetzt mein eigenes Leben leben.

Obwohl ich in meiner Kindheit stark vom christlichen Glauben geprägt wurde und auch an die Existenz Gottes glaubte, wollte ich doch versuchen ohne ihn mein Leben zu meistern.

Mit Ach und Krach schaffte ich es, meine Lehre als Biologielaborant zu beenden, denn ich war bereits während meiner Ausbildungszeit drogenabhängig geworden. Es ging ständig mit mir auf und ab.

Nun hatte ich wenige Monate zuvor mal wieder eine Zeit des Drogenentzugs hinter mich gebracht und war fest der Meinung, mein Leben jetzt wieder im Griff zu haben. Jetzt wollte ich mir in Israel in einem Kibbuz Arbeit suchen.

In der zweiten Nacht an Deck wurde das Meer immer unruhiger. Schon bald war Windstärke neun erreicht. Ich bekam Angst und stellte mir die bange Frage, wo ich denn hingehen würde, wenn dieses Schiff untergehen und ich ertrinken sollte. Hatte ich doch, aus Angst mit einem Flugzeug vielleicht abzustürzen, extra die Schiffsreise gewählt. Und jetzt? Hier schwimmend zu überleben, bei den Minusgraden im Januar, war auch Utopie.

Warum meine Angst, zu sterben? Ich war mir einfach nicht sicher, wo ich nach meinem Tod hingehen würde. Obwohl ich als Kind mal eine Entscheidung für Jesus Christus getroffen hatte, war ich mir absolut nicht sicher, ob ich nach meinem Tod bei Gott sein würde. Denn eigentlich wollte ich ja mein Leben ganz ohne ihn meistern – und jetzt?

Eine kleine Gruppe von Leuten hatte sich in der Nacht zum Gebet zusammengefunden, um Gott für eine ruhige See zu bitten. Ich schloß mich ihnen an. In derselben Nacht, als bereits Wasser durch die Luken in unsere Kajüte eindrang, gab ich Gott ein Versprechen: Ich war bereit, auf eine Bibelschule zu gehen. Ich wollte jetzt mein Leben ganz in Seinen Dienst stellen, wenn er mich hier bewahren und ich diese schreckliche Nacht überleben würde. Am folgenden Morgen hatte sich der Sturm gelegt. Nur das Meer war noch etwas unruhig. Ich konnte meine Reise nach Israel ohne weitere Zwischenfälle fortsetzen. –

Jetzt, nach zehn Jahren, befand ich mich wieder in Seenot. Diesmal war das Meer warm, jedoch mit Haien ›verseucht‹. Würde das Boot hier kentern, dann waren unsere Überlebenschancen auch sehr gering.

Doch etwas war anders als damals auf dem Mittelmeer. Diesmal war ich nicht unterwegs, um mich selbst zu verwirklichen. Schon seit einiger Zeit lebte ich nicht mehr unabhängig von Gott, sondern ich wollte IHM hier auf den Philippinen als Missionar dienen. Sollte es nicht mehr dazu kommen? -

Inzwischen waren wir bereits seit vielen Stunden auf dem offenen Meer. Meine Arme wurden von der Sonne verbrannt. Ich hatte weder eine Jacke noch ein Hemd mit langen Ärmeln mitgenommen. Inzwischen war es aber stockdunkel geworden, vermutlich so gegen 21 Uhr und wir hatten kein Licht, weder im noch am Boot. Der Motor funktionierte endlich wieder und wir fuhren weiter ins Ungewisse.

Plötzlich ging ein starker Ruck durchs ganze Boot. Wir waren auf ein Korallenriff aufgelaufen. Das Boot rührte sich nicht mehr vom Fleck und füllte sich immer mehr mit Wasser. Jetzt mußten wir alle aussteigen. Zum Glück konnten wir gerade noch stehen. Dies bedeutete, daß zur Zeit Ebbe herrschte und wir auch nicht sehr weit von einer Insel entfernt sein mußten.

Das Boot war inzwischen vollgelaufen und alle unsere Sachen schwammen im salzigen Wasser. Ich hatte meine Reisetasche vor unserer Abfahrt in einem wasserdichten Sack verstaut, der bereits auf dem Wasser schwamm. Hoffentlich hatte er dicht gehalten.

Jemand fischte einen Radiorekorder aus dem Wasser. Ein anderer einen Schuh und so weiter. Ganz in der Ferne sahen wir plötzlich ein Laternenlicht, das sich auf uns zubewegte. Wir hatten keine Ahnung, wo wir gestrandet waren.

Schließlich konnten wir im herannahenden Licht mehrere Leute erkennen, die uns offensichtlich zu Hilfe kamen. Einige meiner Mitpassagiere suchten ihr Gepäck zusammen, um dem Mann mit der Laterne zur Insel zu folgen. Andere, und auch ich, blieben noch zurück. Wir mußten das Boot vom Korallenriff befreien und es an Land bringen. Dazu brauchten wir fast 1 1/2 Stunden, bis wir es schließlich über die messerscharfen Korallen hinweg an Land schleppen konnten. Dann folgten auch wir, müde und erschöpft dem Mann mit der Laterne zu seinem Haus. Dort waren bereits auch alle Anderen versammelt.

Die Familie nahm uns auf, gab uns zu essen und auf dem Boden einen Platz um zu schlafen. Jeder war zuvor noch eifrig dabei, seine nassen Kleider irgendwo zum Trocknen aufzuhängen.

Wir saßen noch alle erschöpft da, als ein alter Mann langsam auf mich zu kam und mich mit großen, fragenden Augen anschaute, so als hätte er noch nie einen Ausländer gesehen.

Zu essen gab es gekochten Tintenfisch. Ich war gerade dabei, von den Tentakeln zu essen, als ein Filippino, der mir gegenüber saß, anfing eine schwarze Flüssigkeit aus seinem Tintenfisch zu quetschen. Das sah so ekelig aus, daß ich nicht mehr weiteressen konnte. Der Appetit war mir gründlich vergangen.

Die Gastgeberin sagte mir, daß gerade der Körper mit der Tintenflüssigkeit das Beste beim Tintenfisch sei. Bei ihnen eine Delikatesse. Sie konnte nicht verstehen, daß ich dieses beste Teil nicht mehr essen wollte. Ich befürchte, hier hatte ich die filippinische Gastfreundschaft verletzt.

Als ich dann meinen Wassersack öffnen wollte, stellte ich zu meinem Schrecken fest, daß ich diesen nicht richtig zugebunden hatte. Es war doch Wasser eingedrungen. Sollte meine Kamera mit Salzwasser in Berührung gekommen sein, dann konnte ich sie mit Sicherheit wegwerfen. Ich schickte ein Stoßgebet nach oben und öffnete hastig die Reisetasche. Einige Kleidungstücke waren tatsächlich naß geworden, doch zu meiner großen Freude und Erleichterung hatte die Kamera nichts abbekommen.

Am nächsten Morgen mußten wir mit all unserem Gepäck eine beachtliche Strecke zu Fuß zurücklegen. Wir mußten zu einem anderen Anliegeplatz gehen, wo wir dann mit einem regulären Boot zur Insel Panay gebracht wurden. Mein einziger Wunsch war es, so schnell wie möglich zurück nach Cebu City zu kommen. Von ›Island-Hopping‹ hatte ich vorerst einmal genug. In Panay angekommen ging es mit dem nächsten Bus zur Inselhauptstadt Kalibo, um ein Flugticket nach Cebu zu kaufen.

Ich bekam tatsächlich gleich ein Ticket und noch am selben Tag, so dreckig wie ich war, konnte ich nach Cebu fliegen. Ich kam total erschöpft an, hatte Durchfall und war von der Sonne verbrannt. Ich brauchte erst einmal einige Tage, um mich von dem Erlebten zu erholen. Gott hatte wieder einmal mein Leben bewahrt und mein Dienst als Missionar in Asien, zusammen mit meiner Frau Britta, konnte beginnen.

VOM DROGENABHÄNGIGEN ZUM MISSIONAR

Nach meiner Ankunft in Israel hatte ich mein Versprechen, ganz in den Dienst Gottes zu treten, schnell verdrängt. Ich fand einen Job in einem Kibbuz und einige Gleichgesinnte, mit denen ich so manches erlebte, und schon bald ließ ich mich auch wieder auf Drogen ein, wenn auch auf keine ›harten Sachen‹ mehr.

Nach einiger Zeit beschloß ich, mit einem Kumpel über Land von Israel nach Indien zu reisen. So fuhren wir zunächst nach Griechenland und von dort mit dem Bus in die Türkei. Danach ging es in den Iran weiter. Dort herrschte zu dieser Zeit noch der Schah. Von dort ging es nach Afghanistan, dann nach Pakistan und schließlich erreichten wir Indien.

Wir schliefen in den einfachsten Unterkünften und hatten guten Kontakt mit der Bevölkerung. Es war heiß, das Essen feuerscharf und ich magerte schnell bis auf 68 kg ab. Wir hatten es auch nicht schwer, billig an Drogen zu kommen. Immer wieder wurden sie uns angeboten. Man sah uns ja auch schon von weitem an, daß wir Hippies waren.

Mein Freund und ich machten uns auf den Weg in den Norden, nach Nepal. Dieses Land galt damals als ›Mekka‹ für alle Hippies und Drogenabhängigen. Wir lernten ein junges Pärchen kennen, das auf dem Weg nach Thailand zum ›Goldenen Dreieck‹ war, um sich dort den sogenannten ›goldenen Schuß‹ zu setzen.

Die Schönheit Nepals mit seinen majestätischen Bergen und die Freundlichkeit der Nepalesen hatten mich sehr fasziniert. Aber all das konnte nicht die Sehnsucht stillen, die tief in mir war. Ich war rastlos, unglücklich und fühlte mich einsam.

Wieder zurück in Indien, beschloß mein Freund weiter nach Australien zu reisen. Doch ich wollte nicht mit. So trennten wir uns. Ich blieb in Indien und stieß schon bald auf eine Gruppe junger Leute, die fröhliche Lieder sangen, beteten und in einer anscheinend harmonischen Weise zusammenlebten.

Dies erinnerte mich sehr stark an meine Kinder- und Jungendzeit; auch an die christlichen Freizeiten, an denen ich damals teilgenommen hatte. Die Gruppe lud mich ein, zu ihnen zu ziehen. Ich fühlte mich recht wohl in der Gemeinschaft. Doch schon nach wenigen Tagen wurde mir klar gemacht, daß ich alles, was ich besitze, mit dieser Gruppe teilen müsse. Auch sollte ich alles, Familie und Freunde hinter mir lassen. Aber dazu war ich nicht bereit. So setzten sie mich einfach nachts gegen 22,30 Uhr in der Großstadt Neu-Dehli auf die Straße. In einer schäbigen Pension konnte ich Unterkunft finden.

Später erkannte ich, daß ich um ein Haar der Sekte der ›Children of God‹ (Kinder Gottes) in die Hände geraten wäre. Nach diesem Erlebnis hatte ich die Nase voll und wollte nur noch zurück nach Deutschland. Ich sehnte mich danach, ein normales, geregeltes Leben zu haben.

Wieder daheim, fand ich Arbeit in der Weinlese in Rheinhessen, wo mich gläubige Christen aufnahmen. Durch sie lernte ich einen evangelischen Pfarrer kennen, der mir zu einer Stelle als Biologielaborant in einer Firma für Pflanzenschutz verhalf.

Ich nahm mir vor, ein ›ordentliches Leben‹ zu führen und wollte auch meine Beziehung zu Gott verbessern. Doch es bleibt auch diesmal wieder nur bei diesem guten Vorsatz. Ich ging jetzt zwar öfter zum Gottesdienst, doch ansonsten blieb alles beim Alten. Alkohol, leichte Drogen und manches Andere bestimmten weiterhin mein Leben. Bis mir eines Abends, während ich alleine in meiner Wohnung war, plötzlich klar wurde, daß Gott mich vor die Entscheidung stellte: ›Entweder ganz für Ihn oder gegen Ihn.‹

Mir wurde bewußt, Gott wollte Verbindlichkeit von mir und eine echte, gegenseitige Beziehung. Noch am selben Abend rief ich einen Bekannten an. Mit ihm traf ich mich dann am nächsten Tag, um mit ihm als Zeugen meine ganze Hinwendung zu Gott festzumachen.

Nach dieser ersten Entscheidung im April 1979, die für mich zur größten Wende in meinem Leben wurde, waren meine Probleme und Schwierigkeiten nicht einfach weggewischt. Es gab sie und gibt sie auch heute noch. Aber seit diesem Abend habe ich die Gewißheit, daß ich durch Jesus Christus mit Gott versöhnt und bei Ihm angenommen bin. Mit allem kann ich zu ihm kommen und erlebe seine Liebe und Hilfe in meinem täglichen Leben. Nicht weil ich es verdient hätte oder es mir verdienen könnte, sondern weil Gott gnädig und barmherzig ist. Auch habe ich vor dem Tod keine Angst mehr, denn die Gewißheit ist in mir, daß ich einmal bei Gott sein werde.

Nach diesem Wendepunkt begann auch das Verlangen in mir zu wachsen, Gott zu dienen. Als dann im Mai 1979, auf der jährlichen Missionskonferenz der Odenwälder Heidenmission, die damals in Viernheim stattfand, die herausfordernde Frage gestellt wurde: »Wer will sein Leben ganz in Gottes Dienst stellen?« war ich einer der ersten von vielen, die dem Aufruf folgten. Ich wußte in diesem Augenblick, es galt mir. Als ich nach vorne ging, kam mir ein lange zurückliegendes Erlebnis wieder in meine Gedanken:

Ich war schon einmal bei einer Evangelisation nach vorne gegangen. Kurz davor hatte ich mich mal wieder mit Drogen ›vollgepumpt‹. Ich war eigentlich nur meinem Bruder zuliebe mit in die Versammlung gekommen. Doch als der Evangelist, es war David Wilkerson, fragte, wer von Drogen frei werden und sein Leben Jesus geben wolle, zog es mich spontan zur Bühne hin. Aus den mehr als 70 kaputten jungen Leuten, die auf der Bühne standen, rief er mich zu sich heraus. Er fragte mich nach meinem Problem. Ich antwortete, daß ich von den Drogen loskommen möchte. Dann kniete ich mich hin und er betete mit mir. Dabei sprach er die Worte aus, daß ich einmal ein Diener des Evangeliums werden soll.

Als ich nach Hause ging, war ich frei. Ich hatte auch keine Entzugserscheinungen. Ein Jahr lang konnte ich ohne Drogen auskommen. Doch mit der Zeit wurde meine Beziehung zu Jesus wieder oberflächlicher und ich gab mich wieder mehr und mehr dem alten Lotterleben hin. Als man mir dann wieder Drogen anbot, fehlte mir die Kraft ›nein‹ zu sagen. Danach rutschte ich noch tiefer als zuvor. In dieser Zeit stand ich mehrere Male an der Grenze des Todes oder des Wahnsinns.

Einmal hatte ich zusammen mit meiner Clique Opium geraucht und steuerte dann das vollbesetzte Auto meines Freundes direkt auf die mir entgegen kommende Straßenbahn zu. Ich bildete mir ein, rechts an der Straßenbahn vorbeifahren zu können. Aber da war eine Mauer, die ich nicht wahr nahm. Im letzten Augenblick riß mein Beifahrer das Steuerrad herum. Wir kamen ins Schleudern und zum Stehen. Dann mußten wir uns alle von diesem Schrecken erholen.

Ein anderes Mal hatte ich eine Überdosis von Amphetamine genommen. Eine extreme Angst und Unruhe erfaßte mich. Ich konnte nicht lange ruhig sitzen und wurde getrieben, ständig in Bewegung zu bleiben. Ich lief mehrere Stunden im Haus herum. Schließlich verkrampften sich Gesicht und Hände. Der Arzt mußte mir eine krampflösende Spritze geben. Erst nach längerer Zeit ließen die Krampfzustände nach. Dabei hatte ich furchtbare Angst, sterben zu müssen und rief Gott um Hilfe an.

Meine Mutter litt sehr während dieser Zeit meiner Drogenabhängigkeit und versuchte immer wieder, mir zu helfen. Erst später wurde mir bewußt, daß die treuen, anhaltenden Gebete meiner Mutter, meiner Großmutter und einer Tante mit dazu betrugen, daß ich während solcher furchtbaren Erlebnisse Gottes Bewahrung erfahren durfte. Endlich kapierte ich, daß ich von den harten Drogen loskommen mußte. So versuchte ich es mit einigen Entziehungskuren, bis ich es dann tatsächlich geschafft hatte. Dann allerdings füllte der Alkohol die entstandene Lücke aus. Kurze Zeit später kam es zu meinem bereits geschilderten Erlebnis auf der Schiffsreise von Italien nach Israel.

Nicht lange nach der Missionskonferenz beschloß ich, die Jüngerschaftsschule von ›Jugend mit einer Mission‹ in Altensteig zu besuchen. So kündigte ich meine Arbeit im Labor, obwohl ich gerade wenige Wochen zuvor eine Gehaltserhöhung bekommen hatte. Mein Chef rief mich in sein Büro. Er war sehr besorgt, denn in der Firma munkelte man, daß ich zu einer Sekten gehen wolle. Ich erklärte ihm, daß es nicht so sei und auch warum ich mich zu diesem Schritt entschlossen hatte. Zum Abschluß des Gesprächs wünschte er mir alles Gute für meinen weiteren Weg.

Nach der Jüngerschaftsschule ging ich auf die Evangelisationsschule und sollte anschließend mit einem kleinen Team zu einem dreimonatigen Einsatz nach Südafrika reisen. Doch mir fehlten die nötigen Finanzen. Ich betete:»HErr, wenn Du willst, daß ich nach Südafrika gehe, dann bitte ich Dich für die Finanzen zu sorgen.« Zwölf Stunden später fand ich einen Briefumschlag mit 1.000,— Schweizer Franken, ohne Absender, auf meinem Kopfkissen. Kurze Zeit später erhielt ich nochmals eine größere Summe von Freunden. Jetzt wußte ich, daß ich nach Südafrika gehen kann.

Es würde zu weit führen, von all dem zu berichten, was ich in diesen drei Monaten erlebte. Am Ende konnten das ganze Team und ich sogar noch Geschenke mit nach Hause bringen.

Wieder zurück in Deutschland, fand ich schon bald eine gute Arbeitsstelle. Ich dachte, daß ich dann nach einem Jahr ganz in die Mission gehen würde. Doch es kam anders. Aus dem einen sollten mehr als vier Jahre werden. Meine Geduld wurde dabei auf die Probe gestellt. Aber ich möchte diese Zeit nicht missen. Ich durfte vieles lernen, konnte mich in meine Gemeinde (Missionsgemeinde Heppenheim) einbringen und meine Frau Britta kennenlernen. Eigentlich kannten wir uns schon viele Jahre. Doch jetzt möchte ich sie selbst erzählen lassen.

Randolf (rechts) mit indischen Freunden.

Randolf im Pflanzenschutzlabor.

Randolf (rechts unten) bei einem Einsatz mit JMeM in Frankfurt/Main.

19

Der Jeepney ist das wichtigste Transportmittel auf den Philippinen.

Jumbo-Jet der Philippine Airlines.

Wetzel-Familie 1960
(Randolf ist das vierte Kind von unten nach oben gesehen).

BRITTAS ZEUGNIS

Schon als kleines Mädchen kannte ich viele Geschichten aus der Bibel und ging mit großer Freude in die Kinderstunden. Aber es war nicht immer leicht, die Tochter des Pastors zu sein. Oft hatte ich das Gefühl von den Leuten ganz besonders beobachtet zu werden. Ich spürte, wie manchmal hohe Erwartungen an uns als Pastorenfamilie gestellt wurden und reagierte darauf mit Rebellion.

So manch einer vergißt ganz und gar, daß ein Pastor und seine Familie die Hilfe Gottes genauso brauchen, wie jeder andere auch. Ich denke, meine Eltern standen auch immer wieder unter diesem Druck, was ihnen die Erziehung ihrer Kinder bestimmt nicht erleichterte. Manchmal trafen sie Entscheidungen, die mir gar nicht gefielen. Ich konnte nicht die ›modernsten Klamotten‹ tragen wie meine Schulkameradinnen. Disco, Tanzkurs und Sportverein waren tabu. Doch es gab andere Dinge, bei denen ich mitmachen durfte, wie Schulfeste, Klassenfahrten oder Geburtstagsfeiern bei meinen Freundinnen.

Wie jeder Teenager ging ich durch Höhen und Tiefen und erlaubte mir das eine oder andere, obwohl ich genau wußte, daß meine Eltern es bestimmt nicht gerne sahen. Auch konnte ich ganz schön aufmüpfig werden. Mitten in dieser Zeit wurde mir irgendwann bewußt, daß mir etwas fehlte. Sonntags in den Gottesdienst und einmal in der Woche zum Teenagerkreis zu gehen, biblische Geschichten auswendig zu kennen und die Tochter des Pastors zu sein, machten mich nicht zu einem Christen. Ich hatte keinen Frieden mit Gott und mir war klar: »Wenn ich heute sterbe, dann werde ich nicht bei Gott sein!«

Niemand mußte mir dies erklären. Ich wußte es einfach. Und das machte mich sehr unruhig und traurig. Als aber dann kurze Zeit später ein Sprecher bei der Missionskonferenz 1975 fragte, ob jemand da sei, der Jesus Christus als seinen Erretter und Herrn annehmen möchte, wurde es mir heiß und kalt. Was würden all die Christen um mich herum denken, wenn sie bemerkten, daß die Tochter des Pastors noch immer ein Sünder war? –

Der Schweiß lief mir den Rücken herunter, doch mein Verlangen, Jesus als Freund zu gewinnen, war größer – ich hob meine Hand.

Ernsthaft betete ich um die Vergebung meiner Sünden und bat Jesus von nun an mein Leben zu führen. Ich war zwar immer noch der gleiche Teenager mit allen Problemen und Schwierigkeiten und meine Eltern hatten es auch jetzt nicht immer leicht mit mir. Aber ich liebte Jesus. Ich durfte ihn als meinen Freund erfahren und kann bis zum heutigen Tag mit seiner Hilfe rechnen.

Immer wieder kamen Gäste aus den verschiedensten Ländern zu uns nach Hause und ich verdanke es meinen Eltern, daß ich schon früh lernte, Menschen anderer Hautfarben und Kulturen zu achten. Einmal saß ich als kleines Mädchen bei einem Afrikaner auf dem Schoß und fuhr ihm mit meiner kleinen Hand über das schwarze Gesicht. Ich wollte sehen, ob die Farbe echt war.

Brittas erste »Begegnung« mit Afrika (etwa 1966).

Familie Assmus 1970.

Die drei Schwestern: Britta, Sabine und Tanja.

Berichte, Filme und Dias von Missionaren faszinierten mich schon früh. Von einem Film über indonesische Waisenkinder war ich ganz besonders angesprochen und weiß noch genau, wie ich beim Abschied der Missionarin am Flughafen in Frankfurt am liebsten als ›blinder Passagier‹ mitgeflogen wäre.

Bei der Missionskonferenz der Odenwälder Heidenmission 1979, als auch Randolf dem Aufruf, in die Mission zu gehen, folgte, war auch ich, gerade 16 Jahre alt, sehr angesprochen. Ich folgte ebenfalls dem Aufruf, mein Leben Gott in der Mission ganz zur Verfügung zu stellen. Zu dieser Zeit kannten wir uns nur flüchtig.

Während Randolf dann bei ›Jugend mit einer Mission‹ war, beendete ich die Realschule und fing mit meiner Ausbildung als Krankenschwester an. Mit meinem kleinen, roten Renault war ich immer irgendwo unterwegs. Mal auf einer Freizeit, mit meiner Freundin in den Bergen oder bei irgend einer Aktivität unserer Jugendgruppe.

Als dann Randolf von JMeM zurück kam, lernten wir uns erst richtig kennen. Beide waren wir in der Jugend- und Teestubenarbeit tätig und wurden gute Freunde. Ich schätzte Randolf's Ernsthaftigkeit sehr, und wir konnten uns über alles, was uns bewegte, austauschen.

Eines Tages erzählte er mir, daß er gerne mal auf die Philippinen fliegen würde, um Friederich Lückhof zu besuchen, der zu dieser Zeit als Missionar der OHM dort war. Er meinte dann, daß er so eine Reise am liebsten machen würde, wenn er verheiratet wäre, um auch so testen zu können, ob sich ›seine Frau‹ ein Leben als Missionarin im Ausland vorstellen könnte. Nur, der Haken dabei war, daß er noch nicht wußte, wer mal seine zukünftige Frau sein würde.

Mein Vater und ich hatten auch eine Reise auf die Philippinen geplant und nun war ich überrascht, daß Randolf mir von dem gleichen Vorhaben berichtete. Ich dachte zu diesem Zeitpunkt mit keinem Gedanken daran, daß ich möglicherweise diese Frau in seinem Leben sein könnte. Es würde zu weit führen, die vielen kleinen Begebenheiten aufzuschreiben, die dann bis zu dem Tag folgten, an dem mich Randolf tatsächlich fragte, ob ich seine Frau werden wollte. Doch ehe er mir diese Frage stellte, war auch mir klar geworden, daß ich für ihn mehr als nur Freundschaft empfand. Allerdings wollte ich nicht, daß er dies merkte.

Randolf war dann ziemlich überrascht, als ich ihm sofort ein klares ›Ja‹ gab. Er war sich nicht sicher gewesen, wie ich reagieren würde.

Im November 1983 verlobten wir uns und im März 1984 wurde Randolf's Wunsch wahr und er durfte mit seiner zukünftigen Frau eine Zeit auf den Philippinen erleben.

Randolf war voraus geflogen und ich kam mit meiner Freundin Sylvia nach. Wir trafen uns in Cebu City, wo wir einige Tage mit Missionar Torsten Henschke und seiner Familie verbringen konnten. Danach flogen wir nach Surigao City, dem damaligen Sitz der Odenwälder Heidenmission auf den Philippinen. Wir hatten eine wunderbare Zeit und fühlten uns unter den Filippinos wohl. Der Abschied fiel uns nicht leicht. Doch irgendwie hatte ich damals den Eindruck, daß wir wiederkommen würden.

Zurück in Deutschland begannen wir mit unseren Hochzeitsvorbereitungen. Doch die Philippinen gingen uns nicht mehr aus dem Kopf. Aber wir behielten unsere Gedanken erst einmal für uns und beteten oft darüber. Wir wollten nicht einfach unseren Wünschen nachgeben, sondern suchten Gottes Führung. Es boten sich zwar noch andere Möglichkeiten an, jedoch die Philippinen ließen uns nicht mehr los.

Wir heirateten im September 1984. Danach konnten wir eine kleine ›Traum-Dachwohnung‹ beziehen. Randolf arbeitete im biologischen Pflanzenschutz weiter und ich als Krankenschwester. Im April 1985 reisten wir für vier Wochen mit Rucksack und Zelt nach Israel, zu unserem verspäteten Hochzeitsurlaub. Während dieser Reise festigte sich in uns der Gedanke, zunächst einmal für ein Jahr auf die Philippinen zu gehen. Missionar Friederich Lückhof hatte uns mitgeteilt, daß er einen Fotografen und Unterstützung bei seiner deutschen Korrespondenz brauche.

Das Nächste war, mit meinem Vater darüber zu sprechen. Er war unser Pastor und auch der Leiter der Odenwälder Heidenmission. Wir wollten keinen Alleingang machen, sondern den Rat unserer Leiterschaft hören.

Mein Vater hörte uns an und meinte dann, daß es besser sei gleich für zwei Jahre zu gehen. Das erste Jahr würde benötigt werden, um sich überhaupt erst einmal einzuleben. Mit dieser Antwort hatten wir nicht gerechnet. Auch andere Freunde ermutigten uns zu diesem Schritt. Und eine Frau aus der Gemeinde konnte sich sogar noch an die Worte David Wilkerson's für Randolf erinnern, daß er ein Diener des Evangeliums werden solle.

Mit großer Vorfreude fingen wir an, uns auf die Ausreise vorzubereiten. Es war unsere Entscheidung gewesen, diesen ersten Einsatz selbst zu finanzieren. Die Mission sorgte aber für unsere soziale Absicherung. Wir verkauften unsere beiden Autos, stellten die wichtigsten Sachen bei meinen Eltern auf dem Speicher unter, kündigten unsere Arbeitsplätze und wurden mit dem Segen der Gemeinde und der 22. Missionskonferenz der OHM ausgesandt.

So kamen wir am 11. Juli 1986 zum zweiten Mal auf die Philippinen und für mehr als neun Jahre wurde diese Inselwelt unsere Heimat und viele Filippinos wurden unsere Freunde.

Randolf und Britta in Israel.

VON KAKERLAKEN UND DIEBEN

Wir machten uns auf die Suche nach unserer ersten Wohnung in Cebu City. Pastor Edgar Bantigue und seine Frau Edna standen uns mit Rat und Tat zur Seite und waren in allem besonders auf unsere Sicherheit bedacht.

Wir wollten gerne unter Filippinos leben und nicht irgendwo abgesondert unter anderen Ausländern. Jedoch von gewissen Gebieten in der Stadt rieten die Beiden uns gleich ab. Diese waren für ›Weiße‹ zu gefährlich.

Wir beteten gemeinsam für die richtige Wohnung. Bereits wenige Tage später hatte Edgar etwas Passendes für uns gefunden. Eine Doppelhaushälfte, die gerade renoviert wurde, mit drei Schlafräumen im oberen Stock, einer Küche, einem kleinen Bad und einem geräumigen Wohnzimmer im Parterre.

Schnell wurden wir uns mit der Vermieterin einig und nachdem Edgar nochmals den Vertrag durchgesehen hatte, unterschrieben wir. Sobald die Handwerker fertig waren und die Farbe an den Wänden getrocknet war, konnten wir in unser erstes eigenes Heim auf den Philippinen einziehen.

Da wir bereits einige Kakerlaken erspät hatten, stellten wir gleich mal eine Dose Kakerlakenköder auf. Wir trauten unseren Augen kaum, als wir bereits nach einem Tag alleine in der Küche über 70 Exemplare, klein und groß, zusammenfegen konnten.

Wir räumten dann unsere wenigen Möbel in die Wohnung und wollten einen Tag später mit dem Rest und unserem Bett ganz einziehen. Doch Edna gab uns den Rat, daß auf jeden Fall jemand in der Nacht in der Wohnung sein müsse. Man wußte ja nicht, wer alles beobachtet hatte, daß hier Ausländer einziehen und es ist nicht auszuschließen, daß jemand kommt um zu sehen, was es da vielleicht zu holen gibt.

Wir hörten auf ihren Rat und so schliefen Eduardo und Bobby, zwei Jungen aus unserem Kinderheim, in der Wohnung. Bobby wurde gegen Morgen wach und war gerade auf dem Weg zur Toilette, als er plötzlich Schritte auf dem Küchendach bemerkte. Er riß die Tür auf und sah, wie ein Mann sich gerade mit einem Messer am Fliegendraht des einen Fensters zu schaffen machen wollte. »Dieb, Dieb,« schrie Bobby aus Leibeskräften. Der Mann erschrak, sprang vom Dach, ›nahm die Beine in die Hand‹ und war in Sekundenschnelle, wie ein Blitz verschwunden.

Wie dankbar waren wir für die Fürsorge unserer Freunde und lernten daraus, wie wichtig es ist, sich als ausländischer Missionar von wohlmeinenden Einheimischen beraten zu lassen. So mancher Ärger kann einem dadurch erspart bleiben.

Die allgegenwärtige Kakerlake.

UNSERE ›BABY‹

Auf den Philippinen ist es üblich, daß fast jede Familie eine Haushilfe hat. Manchmal sind dies Verwandte oder aber Frauen und junge Mädchen, die so ihren Lebensunterhalt verdienen. Die einheimischen Gläubigen rieten uns dazu, auch eine Haushilfe einzustellen und hatten schon bald jemanden für uns gefunden. So kam Maria-Norma zu uns, die wir aber alle liebevoll ›Baby‹ nannten.

›Baby‹ war nun aber einige Jahre älter als Britta. Auf den Philippinen ist es so, daß eigentlich die Jüngere die Ältere mit einer respektvollen Anrede wie ›Ate‹ oder ›Auntie‹ (Tante) oder mit Manang (große Schwester) anspricht.

Da aber nun Randolf wiederum älter war als ›Baby‹ und sie außerdem für uns arbeitete, war es ihr Wunsch, uns beide mit Auntie und Uncle (Tante und Onkel) anreden zu dürfen. Am Anfang war es für uns recht ungewohnt, daß nun immer jemand um uns herum war und wir eigentlich nur in unserem Schlafzimmer für uns alleine sein konnten. Doch wir gewöhnten uns dann schnell an unsere neue ›Familiensituation‹.

›Baby‹ wollte nicht mit uns die täglichen Mahlzeiten einnehmen. Sie schämte sich, da sie sehr gerne mit den Fingern aß. Dies war für uns eigentlich kein Problem. Wir respektierten ihren Wunsch. Nur einmal, an ihrem Geburtstag, baten wir sie mit uns am Tisch zu sitzen und sich ein wenig von uns bedienen zu lassen. Dies ließ sie sich dann auch gefallen.

Britta fiel es am Anfang nicht leicht ›Baby‹ Anordnungen im Haushalt zu erteilen oder zuzuschauen, wie diese alleine den Tisch abräumte. Doch wenn Britta helfen wollte, wurde ›Baby‹ recht böse. Dies war ihre Aufgabe und die wollte sie auch erfüllen.

So wurden wir oft mit den Verschiedenheiten unserer Kulturen und Lebensweisen konfrontiert. Aber bald hatten wir uns an ›Baby‹ gewöhnt. Wir lernten es immer mehr zu schätzen, daß sie sich während unserer Abwesenheit treu um alles kümmerte. Schon früh am Morgen zog sie los, um auf dem Markt frische Lebensmittel einzukaufen. Sie konnte sehr gut handeln. Welch ein Segen für unsere Haushaltskasse. Außerdem, würden wir selbst zum Markt gehen, dann würden die Preise schnell in die Höhe gestiegen sein. Wir sind Ausländer!

›Baby‹ war immer aufs Genaueste bedacht alle Ausgaben aufzuschreiben und uns jeden Pfennig Wechselgeld auszuhändigen. Wir konnten ihr die ganze Monatsmiete anvertrauen, wenn wir während des Zahltags gerade auf Reisen waren. Pfennige und manches Mal auch Geldscheine, die Randolf in seiner Hose vergessen hatte und von ›Baby‹ beim Waschen gefunden wurden, gab sie treu an uns zurück.

Einmal kamen wir vom Büro nach Hause und fanden einige nasse Geldscheine fein säuberlich mit Wäscheklammern an der Leine zum Trocknen aufgereiht. Eine große Versuchung für Leute, die da vorbei gingen; jedoch ein absoluter Treuebeweis ›unserer Baby‹.

Während ihrer ersten Wochen bei uns besuchten wir sonntags den Gottesdienst ganz bei uns in der Nähe. Schon bald entschied sich ›Baby‹ Jesus Christus als ihren persönlichen Herrn und Heiland anzunehmen. Auf ihrer Heimatinsel hatte sie schon seit längerer Zeit eine unserer CFF-Gemeinden besucht, doch noch keine Entscheidung für Jesus getroffen. Sie war so glücklich nun Jesus als ihren persönlichen Freund zu kennen, daß sie schon bald in der ganzen Nachbarschaft davon erzählte und wir durch ihre Anregung mit einem Bibelkreis in unserem Haus begannen. Dies war dann auch für uns eine große Herausforderung und eine Zeit, in der wir vieles lernen durften.

So manchen Abend saßen wir in unserem Wohnzimmer über der Bibel und anderen englischen Büchern, um zu studieren. ›Baby‹ wollte es uns gleichtun und saß dann immer am Eßzimmertisch mit ihrer Bibel in der Hand. Nicht selten fielen ihr vor Müdigkeit die Augen zu und wir mußten sie auffordern, doch schlafen zu gehen. Am nächsten Morgen wollte sie ja wieder früh aufstehen.

›Baby‹ hatte viele Fragen und so ergab es sich oft, daß sie mit Britta noch lange an den Abenden zusammen saß, während Randolf bereits zu Bett gegangen war.

Britta erinnert sich: »Diese gemeinsamen Zeiten mit ›unserer Baby‹ waren für mich ganz besonders wertvoll. Wir saßen als zwei Schwestern aus verschiedenen Kulturen zusammen, durften uns austauschen und voneinander lernen. Ich bekam einen guten Einblick in die philippinische Kultur, die Familien, das Zusammenleben auf den kleinen Inseln, die Freuden und auch die Nöte der Frauen und Mädchen und noch manches mehr. Andererseits durfte auch ich persönlich etwas in das Leben von ›Baby‹ investieren und zwischen uns wuchs mit der Zeit eine tiefe Verbundenheit.

Einmal kam sie zu mir und offenbarte mir, daß sie ›häßlich‹ sei. »Wie kommst du den darauf?« fragte ich sie erschrocken. »Weißt du, in meiner Familie sagen sie, daß ich zu klein und zu braun bin und außerdem habe ich eine platte Nase. Du aber bist groß, blond, hast eine weiße Haut und eine große Nase. Du bist schön. Ich bin häßlich,« war ihre Antwort.

Inzwischen habe ich schon mitbekommen, daß Filippinos für unsere weiße Haut und langen Nasen schwärmen, doch durch ›Baby's‹ Aussage merkte ich erst, daß viele der Frauen und

Mädchen leiden und sich ganz minderwertig vorkommen, im vergleich mit uns Europäern; aber auch untereinander. Ich mußte in den folgenden Tagen immer wieder darüber nachdenken und mir selbst eingestehen, daß auch ich eigentlich mit meinem Aussehen nicht zufrieden war. Schon als Kind wurde mir immer gesagt, wie ›weiß‹ meine Haut sei und wie ›dürr‹ ich wäre und so weiter. Jedoch hier auf den Philippinen war ich plötzlich zu einem Schönheitsideal geworden. Welch eine verdrehte Welt!

Ich begann in der Bibel zu forschen, um eine Antwort für ›Baby‹ und eigentlich auch für mich zu finden. Dabei stieß ich auf folgende Stelle: »Du hast mich geschaffen mit Leib und Geist, mich zusammengefügt im Schoß meiner Mutter. Dafür danke ich dir, es erfüllt mich mit Ehrfurcht. An mir selbst erkenne ich: Alle deine Taten sind Wunder! Ich war dir nicht verborgen, als ich im Dunkeln Gestalt annahm, tief unten im Mutterschoß der Erde. Du sahst mich schon fertig, als ich noch ungeformt war. Im voraus hast du alles aufgeschrieben; jeder meiner Tage war schon vorgezeichnet, noch ehe der erste begann. Wie rätselhaft sind mir deine Gedanken, Gott, und wie unermeßlich ist ihre Fülle!« (Psalm 139,13-17; Gute Nachricht).

Gott hatte mich und auch ›Baby‹ und jeden anderen Menschen wunderbar gemacht. In Seinen Augen sind wir alle wertvoll, gewollt und geliebt. Ich bat ›Baby‹ diesen Psalm 139 zu lesen. Etwas später sprachen wir gemeinsam über die Bedeutung seiner Aussage für uns. Tränen liefen ihr über die Wangen als wir gemeinsam im Gebet all die Verwundungen und Minderwertigkeiten, alle Verletzungen und die Lügen, die sie jahrelang hat anhören müssen und die sie geglaubt hat, vor Gott brachten.

Nur einige Tage später kam ›Baby‹ strahlend auf mich zu und sagte: »Auntie, heute Morgen habe ich mich zum ersten Mal ganz bewußt im Spiegel angeschaut und gesagt: Danke, Herr, du hast mich schön gemacht und für dich bin ich kostbar und wertvoll!«

Es gäbe noch so vieles von den gemeinsamen Erlebnissen mit ›unserer Baby‹ zu erzählen. Sie hatte einen einfachen und kindlichen Glauben und erlebte viele wunderbare Dinge. Unter anderem auch, daß ihre Eltern und Geschwister, für die sie immer treu betete, sich fast alle innerhalb eines Jahres entschieden, Jesus nachzufolgen.

Nach den ersten 1 ½ Jahren bei uns ging ›Baby‹ auf die Bibelschule in Samar. Das Schulgeld für das erste Jahr hatte sie sich bei uns verdient. Ihre Schulabschlußfeier war für uns alle ein großes Erlebnis. ›Baby‹ ging dann zurück in ihren Heimatort und wurde zu einer tatkräftigen Hilfe für ihren Pastor und die ganze Gemeinde.

Es war für uns ein großer Schock und persönlicher Verlust, als wir im Oktober 1994 durch einen Telefonanruf erfuhren, daß ›unsere Baby‹ an akutem Nierenversagen ganz plötzlich verstorben war. Wir werden sie nie vergessen und freuen uns auf ein Wiedersehen bei unserem Schöpfer in der Ewigkeit.

Maria Norma Tigao (unsere »Baby«).

Hauskreis bei Wetzel's in Cebu City.

Wetzel's erstes Auto auf den Philippinen, ein 19 Jahre alter Jeep.

34

EINE REISE NACH NEGROS

Schon lange hatten wir Pastor Lemuel Felicio und seiner Frau Tessie versprochen, sie und ihre Gemeinde für einige Tage in Negros zu besuchen. So packten wir mal wieder unsere Sachen, ließen ›unsere Baby‹ mit einigen wichtigen Instruktionen zurück und fuhren gegen 2 Uhr mittags vom Busbahnhof in Cebu City mit einem guten, klimatisierten Bus los.

Nach drei Stunden Fahrt erreichten wir die Fähre und setzten mit ihr von der Insel Cebu zur Insel Negros über. Unser Ziel war die Stadt Bais City. Nach der Überfahrt ging es dann mit dem Jeepney weiter. Doch leider hatten wir den falschen erwischt. Er hielt plötzlich an und wir mußten alle aussteigen. Die Fahrt war hier für den Fahrer zu Ende.

Eine Frau erklärte uns, daß wir an der Straße auf den nächsten Jeepney warten sollen, der uns dann nach Bais City bringen würde. Allerdings wäre dies dann auch der Letzte für diesen Tag.

Na, das konnte ja mal wieder spannend werden. In der Zwischenzeit war es bereits dunkel geworden. Dann kam er, schon vollbeladen mit Menschen und nun sollten auch wir, und noch einige andere, einen Platz finden.

Britta hatte die Möglichkeit, zusammen mit noch drei Frauen neben dem Sitz des Fahrers unterzukommen. Doch Randolf blieb keine Wahl, er mußte hoch auf's Dach klettern, wo bereits auch schon einige saßen. Unser Gepäck kam auch noch irgendwie unter. Los ging die Fahrt. Allerdings dauerte es nicht sehr lange – es gab plötzlich einen lauten Knall. Bumm, ein Reifen war geplatzt.

Der Fahrer brachte den Wagen am Straßenrand zum Stehen und alles krabbelte aus dem Fahrzeug. Ein paar Männer machten sich an die Arbeit, den Reifen zu wechseln. Eine Taschenlampe hatten sie nicht und so mußte einer der Passagiere mit einer dünnen Kerze leuchten. Diese Aktion dauerte eine ganze Weile und gab uns die Gelegenheit einmal alle Mitreisenden zu zählen. Wir kamen auf ca. 40. (In Deutschland wäre nicht einmal die Hälfte erlaubt gewesen).

Es war nicht so ganz ungefährlich für uns alle, um diese Zeit noch auf der Straße zu sein. Es kam nicht selten vor, daß auf dieser Strecke Jeepneys von kommunistischen Rebellen überfallen und die Passagiere ausgeraubt wurden.

Endlich konnte die Fahrt weitergehen. Wir kamen gegen 20 Uhr in Bais City an. Ein junger Mann, den Randolf oben auf dem Dach kennengelernt hatte, begleitete uns bis zum Haus des Pastors. Dort wurden wir schon erwartet.

Die ersten Glaubensgeschwister saßen bereits im Gottesdienstraum, denn eigentlich sollten wir an diesem Abend schon dort eine Zusammenkunft haben. Der Gottesdienst fand dann auch statt, nachdem wir uns mit einer Tasse Schnellkaffee gestärkt und etwas erfrischt hatten. Doch die versammelte Gemeinde war verständnisvoll und so mußten wir an diesem Abend nicht mehr als nur ein paar Grußworte sagen. Nach der langen Reise war uns dies nur recht gewesen.

Nach einer guten Nacht ›auf der weichsten Matratze der Philippinen‹ (Bretter), das Pastorenehepaar hatte uns ihr Bett zur Verfügung gestellt, fühlten wir uns wieder fit. Um 11 Uhr brachen wir dann auf zu einer Reise in die Berge von Negros, um dort eine Außenstation zu besuchen. Es sollte eine abenteuerliche Reise werden.

Zuerst fuhren wir mit einem Bus zu einer Zuckerfabrik. Negros ist bekannt für seine großen Zuckerrohrplantagen, aber auch für die Ausbeutung der Landbevölkerung durch die Gutsbesitzer. In den Feldern muß harte Arbeit für wenig Lohn verrichtet werden. Ein vorzüglicher Nährboden für den Kommunismus.

Es war gerade Erntezeit. Ständig kamen vollbeladene Lastwagen zur Zuckerfabrik und fuhren dann wieder leer zurück in die Berge. Pastor Lemuel sprach mit einem der Wachtposten und schon nach kurzer Zeit konnten wir in das Führerhaus eines Lkw krabbeln. Los ging die Reise. Oh, was wurden wir jetzt durchgerüttelt, als der Wagen über die holprigen, schmalen Straßen den Berg hinauf fuhr. Und nicht selten hielten wir den Atem an, wenn uns schwerbeladene Laster entgegengerast kamen. Es gab nur wenige Ausweichmöglichkeiten. Immer höher schraubten wir uns hinauf und wurden mit einer herrlichen Aussicht, bis hin zum Meer, belohnt.

Eine kleine Bambuskirche am Rand der Straße kam in Sicht. Wir hatten unser Ziel erreicht. Von Ruth, einer Bibelschulpraktikantin, wurden wir freudig begrüßt. Es dauerte gar nicht lange und die Gemeindeglieder trafen nach und nach ein. Fast jeder brachte etwas mit, um uns zu versorgen. Wir hatten noch kein Mittagessen gehabt.

Die meisten waren von weither gekommen. Die Menschen hier in den Bergen leben recht verstreut und müssen viele Kilometer zu Fuß zurücklegen, um Gottesdienste und Gebetsversammlungen zu besuchen. Manches Mal geht es durch Flüsse und über Bäche. Diese einfachen, lieben Glaubensgeschwister haben uns sehr beeindruckt. Von ihrer Treue, Liebe und Opferbereitschaft kann man viel lernen. Nachdem wir uns mit frischer Kokosmilch, gekochten Maiskolben und Reiskuchen gestärkt hatten, waren fast alle eingetroffen und wir konnten zusammen einen Gottesdienst feiern. Pastor Lemuel übersetzte uns aus dem Englischen in die Cebuanosprache. Dann hieß es auch schon wieder Abschied nehmen. Wir mußten einen LKW erwischen, um wieder ins Tal zurückzukommen.

Ein mit Zuckerrohr vollbeladener Laster hielt an und wir stiegen ins Führerhäuschen. Jetzt ging es ziemlich schnell den Berg hinunter. Wehe, wenn da mal die Bremsen versagen. Doch der Fahrer verstand sein Handwerk, auch wenn er nur ganz abgetretenen Badeschlappen anhatte und immer wieder, bei allem Kurbeln und Schalten, noch Zeit fand, um an seiner Zigarette zu ziehen. Müde, aber froh und dankbar trafen wir wieder im Pastorenhaus ein.

Der Samstag sollte dann auch wieder ein ziemlich vollgepackter Tag werden. Pastor Lemuel wollte jede Minute, die wir bei ihnen waren, bis zur Neige nutzen. Morgens, mittags und abends Gottesdienste und wir beiden, Randolf und Britta, waren die einzigen Redner.

Am Abend kam die Jugend zusammen. Sie hörten aufmerksam zu, als Randolf ihnen aus seinem Leben und seiner Erfahrung mit Gott berichtete. Anschließend kamen acht junge Leute nach vorne zum Altar, um eine persönliche Entscheidung für Jesus Christus zu treffen.

Natürlich war dann auch der Sonntag gut ausgefüllt. Diesmal fuhren wir zu einer Gemeinde in einer Nachbarstadt. Dieser Gottesdienst dauerte drei Stunden. Britta hielt die Sonntagsschule und

Randolf die Predigt. Anschließend wurden wir von den Freunden aufs Beste bewirtet. Die philippinische Gastfreundschaft ist einfach immer wieder ein besonderes Erlebnis.

Dann hieß es für uns wieder Abschied zu nehmen von Pastor Lemuel und den Glaubensgeschwistern auf der Insel Negros. Bestimmt war dies nicht unser letzter Besuch bei ihnen. Doch in Cebu würden bereits wieder neue Aufgaben auf uns warten und vielleicht auch schon die nächste Einladung zu einer anderen Gemeinde auf einer anderen Insel.

BEWAHRUNG

Für mehr als zwei Jahre hatten wir kein eigenes Fahrzeug und waren bei den meisten Erledigungen auf die öffentlichen Verkehrsmittel angewiesen. Jetzt hatten wir die Möglichkeit, uns einen kleinen, roten, 19 Jahre alten Jeep zu kaufen. Doch so einiges mußte noch installiert werden, unter anderem ein Tank.

Es gab nur eine Plastikflasche, die gerade mal vier Liter fassen konnte. Diese war vorne, seitlich unter dem Lenkrad, angebracht. Eine Leitung von der Plastikflasche zum Motor versorgte diesen mit Benzin. Man hatte uns versichert, daß es keine große Sache wäre, einen Tank einzubauen. Es dauerte dann noch ein paar Tage und unser Jeep hatte einen richtigen Tank.

Unsere Freude währte nicht lange. Als man den Wagen in den Hof fuhr – wir trauten unseren Augen nicht – sahen wir auf dem Boden einen langen, breiten Streifen, und es roch verdächtig nach Benzin. Der neue Tank hatte ein Leck.

Also ging es wieder zurück zur Werkstatt. Erneutes Warten, Geduld aufbringen bis man uns den Wagen wieder brachte. Es tropfte nicht mehr.

Nachdem wir dann einige Tage gefahren waren, fragte uns jemand, ob denn der Tank auch in Ordnung sei? Wir bestätigten dies, doch seltsamerweise, genau in diesem Augenblick roch es wieder so verdächtig. Es war aber dunkel und wir konnten nichts erkennen.

Wir brachten unsere Freunde nach Hause und waren dann auf dem Heimweg, als uns jemand einen Feuerwerkskracher genau vor das Auto warf. Es knallte, die Ohren flogen uns zu und beim Zurückschauen konnte man noch die qualmenden Fetzen des Krachers sehen.

Zu Hause angekommen, inspizierten wir gleich den Benzintank und tatsächlich, es tropfte schon wieder und nicht einmal wenig. In diesem Augenblick wurde uns bewußt, daß eigentlich gerade wenige Minuten zuvor unser Leben in Gefahr gewesen war. Ein Funke hätte gnügt, uns mit dem Jeep in die Luft zu jagen. Wieder einmal hatten wir Gottes Bewahrung erfahren.

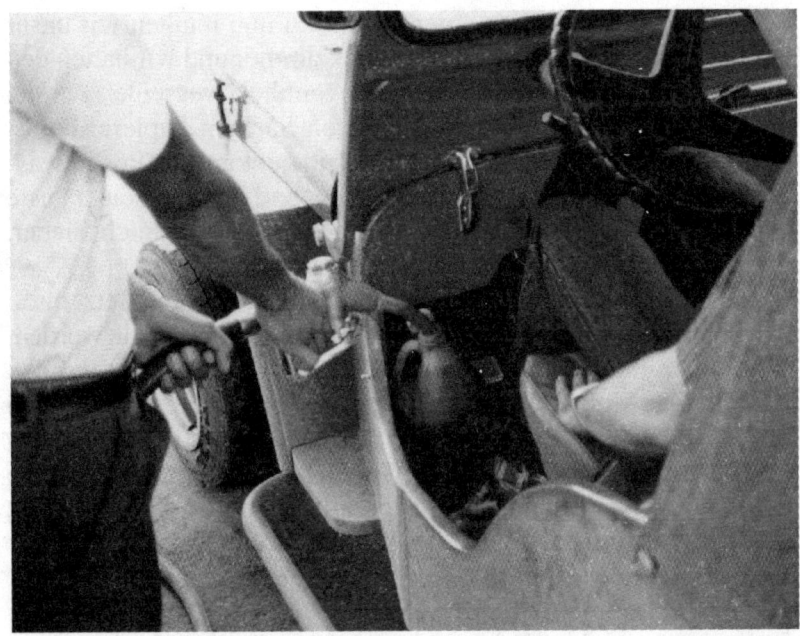

Eine Vierliter-Plastikflasche war der Benzintank.

TAIFUN TRIFFT AUF CEBU

Wir waren gerade dabei von unserer alten in eine neue Wohnung umzuziehen, als die Insel Cebu von einem schweren Taifun heimgesucht wurde. In unserer neuen Wohnung sah es vielleicht aus. Überall standen Kisten, Taschen und Tüten. Wir mußten ständig etwas suchen. Aber jetzt hieß es, alles stehen und liegen lassen, um Vorbereitungen für das bevorstehende Unwetter zu treffen.

Gegen 24 Uhr – Montag auf Dienstag – ging es dann los. Der Wind fing an zu pfeifen, dann zu toben und schließlich kam noch der Regen dazu. Gegen drei Uhr nachts wurde es dann so schlimm, daß wir viele Kisten und Sachen umräumen mußten, denn das Wasser kam zu den Fenstern herein.

Kurze Zeit später drehte der Wind und nun mußten wir unser Schlafzimmer räumen. Es war ein Eckzimmer und wir hatten den Eindruck, daß es der Wind jeden Augenblick wegreißen würde. Schnell retteten wir unsere wichtigsten Sachen: Papiere, Fotos, Dias, Kameras, Elektrogeräte und Kleider, stopften alles in wasserdichte Säcke, in Koffer und Taschen und brachten das meiste einen Stock tiefer ins Missionsbüro, denn wir waren nicht sicher, ob nicht vielleicht das Dach weggerissen würde.

Auch im Büro drang der Regen durch die Fenster ein. Jetzt mußten Schreibtische und andere Gegenstände umgeräumt werden. Alle, die mit uns im Haus waren, waren die ganze Nacht auf den Beinen. Der Morgen kam und durch die Fenster konnten wir den Sturm beobachten. Es wollte auch gar nicht so richtig hell werden.

Alle unsere Papayabäume im Garten waren umgemäht und die Äste von großen Bäumen lagen überall herum. Als dann alles fast vorüber war, fingen wir sogleich mit dem Aufräumen an. In einer Ecke im Büro stand das Wasser fünf bis acht Zentimeter hoch. Mit Tüchern und Eimern bewaffnet wurde dieser See beseitigt. Unser Dach aber hatte dem Sturm standgehalten. Gott sei Dank!

Gegen 12 Uhr mittags war es dann möglich, das Haus zu verlassen. Mit dem Auto konnten wir zu Pastor Edgar und seiner Familie fahren, um nachzusehen, wie es ihnen ergangen ist. Vor unseren Augen breitete sich ein Bild der Verwüstung aus. Überall lagen Äste, ganze Bäume, Leitungsmasten. Die Stromleitungen hingen teilweise auf den Straßen. Fensterscheiben waren zerbrochen, ganze Dächer hinweggefegt. Eisengerüste waren wie Aluminiumfolie zusammengeknüllt. Der Taifun hatte sich so richtig seinen Weg gebahnt und Schneisen geschlagen.

Manche Häuser waren kaum oder wenig beschädigt. Doch den Nachbarn nebenan hatte es schwer getroffen. Bei den Bantigues war alles in Ordnung. Außer Wasser hatten sie nichts abbekommen.

Gemeinsam mit Edgar und Edna machten wir uns auf den Weg um Edgars Bruder Gabriel und das Kinderheim auf der Insel Mactan aufzusuchen. Wir fuhren über die große Brücke, welche Cebu und die kleine Insel Mactan miteinander verbindet. Genau unter der Brücke lag ein riesiges Schiff. Es war in der Nacht gegen den Brückenpfeiler geschleudert worden.

Was war wohl mit unserem Missionsboot ›Göttingen‹ geschehen? Es lag doch nur wenige Meter von dem großen Schiff vor Anker. Während wir die Brücke passierten, konnten wir die ›Göttingen‹ von oben sehen.»Preis dem HErrn!« jubelten wir alle. Bis auf einen kleinen Kratzer war unser Boot unversehrt geblieben.

Jetzt ging es weiter zu Gabriel. Doch schon bald konnten wir nicht mehr weiterfahren. Überall lagen die Elektromasten kreuz und quer auf der Straße. Wir parkten das Auto und marschierten los. Vor uns wieder ein Bild der Verwüstung. Unzählige kleine Holz- und Bambushäuser waren zerstört, vom Meerwasser umspült, Teile weggerissen oder dem Erdboden gleich.

Die wenigen Habseligkeiten der Menschen waren entweder kaputt oder naß. Was war wohl mit Gabriel und seiner Familie geschehen? Nach etwa 5 bis 6 km kamen wir bei ihnen an. Gabriel saß auf dem Dach des gemieteten Häuschens und versuchte mit einem Hammer das Wellblech so einigermaßen zu befestigen. Sie hatten eine schlimme Nacht hinter sich. Das Wasser reichte im Häuschen bis zu den Waden und sie hatten noch fünf weitere Familien bei sich aufgenommen, deren Häuser zerstört waren. Doch niemand kam körperlich zu Schaden.

Etwa 1 1/2 km weiter befindet sich Gabriels neues, eigenes Haus oder besser gesagt, das was davon noch übrig geblieben ist. Das Haus war dem Erdboden gleich und wir teilten Gabriels Traurigkeit.

Unsere letzte Station war das Kinderheim. Aber dort war alles

ERNIE SARMIENTO

PEDESTRIANS walk over the damaged Mactan Bridge as a grounded cargo ship rests under one of its piers.

Nach dem Taifun vom November 1990. Unser Göttingen-Boot im Vordergrund blieb unbeschädigt. (Ein Zeitungsfoto.)

in Ordnung. Sie hatten zwar auch Wasser im Haus gehabt, doch als wir ankamen war dieses bereits wieder weg.

Wir kauften noch schnell Behälter für Trinkwasser, auch Reis, Konserven und Anderes, denn es war klar, wir mußten uns auf eine harte Zeit einstellen. Das Radio meldete einen weiteren Taifun, der möglicherweise eintreffen könnte. Für eine Woche gab es kein Wasser und für drei Wochen keinen Strom.

Unser Trinkwasser konnten wir aus einem Brunnen in der Nähe holen. Petroleumlampen gaben uns am Abend Licht. Als dann plötzlich ein Regenschauer kam, rannten wir alle, um das Wasser in allen zur Verfügung stehenden Gefäßen zu sammeln. Dann seiften wir uns ein und stellten uns unter die Regenrinne. Die Kostbarkeit des Wassers schätzt man immer dann am meisten, wenn man es nicht mehr hat.

Wir waren dann nochmals über die Mactanbrücke gefahren, um einiges Notwendige zu Gabriel und zum Kinderheim zu bringen. Kaum wieder zu Hause angekommen, hörten wir die Meldung über das Radio, daß die Brücke gesperrt worden war. Das große Schiff hatte den Brückenpfeiler so stark beschädigt, daß Einsturzgefahr bestand.

Für lange Zeit konnte man nur mit Fähren und Booten zwischen den beiden Inseln hin und her gelangen. Etwas außerhalb von Cebu City, in Balamban und Toledo war das Zentrum des Taifuns mit 250 km/h. Wie es da wohl aussehen mag? – Auf der Insel Cebu kamen etwa 180 Menschen ums Leben, 30 weitere wurden als vermißt gemeldet. Ein Großteil der Ernte: Obst, Reis, Zuckerrohr, Gemüse war zerstört worden und viele Wasserbüffel und andere Tiere gestorben.

ZWÖLF NATIONEN – EIN AUFTRAG

Es war für uns eine große Freude, zusammen mit dem 13-köpfigen FEET TEAM von ›Jugend mit einer Mission‹, das Randolf zuvor in Hong Kong kennengelernt hatte, hier auf den Philippinen im Einsatz zu sein.

Der Leiter von JMeM Cebu, er hieß Petrus, mit dem wir schon eine Zeit lang freundschaftlich verbunden waren, mietete unser

Evangeliumsboot, die ›Göttingen 2‹ für einen Inseleinsatz mit dem Team. Randolf und ich schlossen uns an. Dies war eine gute Gelegenheit die Pionierarbeit auf der Insel Dawahon zu besuchen. Natürlich war auch Gabriel, unser Inselevangelist und Bootskapitän mit von der Partie. Wir hatten ideales Wetter. Dies war während der momentanen Regen- und Taifunzeit nicht ganz selbstverständlich. Auch Bruder Petrus war überrascht über das extrem ruhige Meer, denn die Inseln, die wir besuchen wollten, sind für eine meistens unruhige See bekannt.

Wir spürten, Gott war mit uns, und so wurden die Zeiten auf dem Schiff, zwischen den meist recht anstrengenden Einsätzen auf den verschiedenen Inseln, für uns alle Phasen der Erholung, Entspannung, des Kennenlernens und der persönlichen Besinnung.

Allerdings wurden wir dann doch noch naß, denn durch Ebbe und Flut konnte die ›Göttingen‹ nicht immer direkt am Strand anlegen und wir mußten mit unserem Gepäck über schlüpfrigen Boden und scharfe Korallen an's Ufer waten, was für einige mit einem Bad endete.

Das Team bestand aus zehn Nationen: England, Frankreich, Norwegen, Irland, USA, Kanada, Süd-Korea, Deutschland, Australien und Neuseeland. Dazu kamen noch Petrus aus Süd-Afrika und unsere Filippinos. Also insgesamt zwölf Nationen. Alle waren sie so verschieden in ihrer Mentalität. Die einen waren gesprächig, andere eher schweigsam und zurückhaltend und wieder andere immer lustig und voller Schabernack. Der eine war Rechtsanwalt, der andere ein Bibelschüler, dann eine Lehrerin, eine Sekretärin und noch verschiedene andere Berufe. Und – jedes ›English‹ hatte seinen eigenen Akzent. Jedoch eines hatten wir alle gemeinsam: Die Liebe zu Jesus und die Bereitschaft, das Evangelium weiter zu sagen, auch unter den widrigsten Umständen und Bedingungen.

Wir konnten den Gebetseifer der Gruppe miterleben und ihre Ernsthaftigkeit sehen, wenn es darum ging, den Menschen von der Liebe Gottes zu sagen. Noch gut erinnere ich mich an die Szene, als Rod, der Australier, einen ganz verwahrlosten und verlausten Jungen in seine Arme nahm, um mit ihm zu beten. Ein bewegendes Bild, in dem die ganze Liebe Gottes gegenüber diesem Jungen zum Ausdruck kam, die Rod's Herz erfüllte.

Das Team führte verschiedene Theaterstücke mit einer klaren biblischen Botschaft auf, durch welche die Aufmerksamkeit der Inselbewohner auf Jesus Christus gelenkt wurde. An fünf Tagen hatten sie insgesamt neun Aufführungen. Diese Einsätze waren mit starken körperlichen Anstrengungen verbunden, denn oftmals mußten sie lange in der brennenden Sonne stehen. Dabei krabbelten ihnen die roten, bissigen Ameisen die Beine hoch. Die Aufführungen fanden auf Marktplätzen, in einer Schule, auf Sportplätzen und auf einer Wiese statt. Die Zeiten dazwischen waren recht kurz und es gab meistens keine Gelegenheit, um sich frisch zu machen.

An allen Orten kannte Bruder Petrus einheimische Pastoren von verschiedenen Gemeinden, mit denen wir in diesen Tagen zusammenarbeiteten. Und die Gemeindeglieder versorgten uns mit Essen. Wenn es auch meistens Reis und Fisch und Fisch und Reis gab, so hörte man vom Team doch nie ein Wort der Unzufriedenheit. Es war eine große Freude mit ihnen allen zusammen zu sein. Randolf und ich wurden als zusätzliche Team-Mitglieder akzeptiert, bei den Veranstaltungen mit eingespannt und konnten auch sonst mit Rat und Tat zur Seite stehen.

Ein bewegendes Erlebnis hatten wir auf der Insel Dawahon. Unsere Mission konnte wenige Monate zuvor dort mit einer Pionierarbeit beginnen. Inzwischen lebte auch ein Pastorenehepaar auf der Insel, um die damals noch kleine Gemeinde zu betreuen. Sie waren sehr dankbar für den evangelistischen Einsatz des FEET-TEAM'S. Inselbewohner entschieden sich während des Einsatzes für Jesus und wurden von dem Pastor und seiner Frau weiterbetreut.

Das Team spielte gerade ein Stück auf dem einzigen, etwas größeren Platz der Insel, umringt von einigen hundert Menschen, als mir ein Mädchen auffiel, das ein vollkommen unterernährtes Kind auf dem Arm trug. Als ich sah, daß die Kleine gehen wollte, bat ich eine Filippina ihr nachzueilen. Ich wollte sehen, ob wir dem Kind nicht vielleicht helfen könnten. Nach der Veranstaltung wurde mir eine Frau als die Mutter des dreijährigen, ausgetrockneten und unterernährten Jungen vorgestellt. Ich fragte sie, ob ich den Kleinen auf den Arm nehmen und mit ihm beten dürfe. Sie stimmte zu und gab mir den Jungen. Als ich den abgemagerten

Körper in den Armen hielt, empfand ich ein großes Erbarmen für dieses hilflose, schon ganz apathische Menschlein.

Einige Mädchen vom Team konnten mit Hilfe einer Übersetzerin mit der Mutter sprechen. Wir erfuhren, daß bereits vier ihrer zehn Kinder im Alter zwischen zwei und vier Jahren im gleichen Zustand gewesen waren, wie der kleine Gabriel und daran starben. Plötzliche Durchfälle und Erbrechen hatten zur Austrockung und Unterernährung geführt. So auch bei dem kleinen Jungen in meinem Arm, der kaum noch in der Lage war, selbständig seinen Kopf zu heben.

Ich erklärte der Mutter und auch der Frau unseres Pastors, wie die Medikamente einzunehmen und eine Dehydrationslösung anzuwenden sei, die ich bei mir hatte. Es verwunderte mich, wie kühl die Mutter des Kindes reagierte. Doch die Frau unseres Pastors war bereit, sich um den Kleinen zu kümmern. Schweren Herzens verließen wir alle Dawahon und ich nahm mir fest vor, weitere Hilfsmittel mit dem nächsten Einsatz unseres Bootes dorthin zu schicken.

Das FEET-TEAM war abgereist. Mit Spannung wartete ich auf Nachricht von dem kleinen Gabriel in Dawahon. Doch leider war es keine gute. Die Mutter wollte den Jungen nicht versorgen und überließ ihn ganz der Frau des Pastors. Dann kam sie wieder und nahm den Kleinen einfach mit. Ich überlegte, was wir tun könnten. Seit meiner ersten Begegnung mit dem Kind waren inzwischen einige Wochen vergangen und wir hatten Gäste aus Deutschland und den USA.

Wieder fuhren wir zu den Inseln und auch ein Abstecher nach Dawahon war geplant. Die Pastorenfrau brachte uns durch ein Hütten-Labyrint, aus dem wir alleine nicht mehr herausgefunden hätten. Wir gingen zu dem Häuschen, in dem der Junge lebte. Als wir ankamen, konnte ich meinen Augen kaum trauen. Da saß der kleine Gabriel vor dem Eingang auf einer Bambusbank: Nur mit Mühe konnte er seinen ausgemerkelten Körper aufrecht halten. An den Knien, Ellenbogen und dem Rücken waren offene Geschwüre, ein Tummelplatz für die unzähligen Fliegen, die es reichlich auf der Insel gab. Ich setzte mich neben ihn und konnte einfach nur weinen. Meine Freundinnen, beide Krankenschwestern wie auch ich, standen erschüttert neben mir. Wo war die Mutter? – Die Frau des Pastors erklärte uns, daß die Mutter zum Trinken und Spielen bei anderen Inselbewohnern sei. Sie hatte den Jungen einfach hilflos zurückgelassen. Jedoch nicht nur ihn.

In der Hütte lag noch sein Brüderchen in einer ähnlichen Situation. Inzwischen waren wir von Dorfbewohnern umringt und einige, als sie mich weinen sahen, fingen an zu lachen. Ärger kroch in mir hoch und ich mußte sehr an mich halten. »Warum lachen Sie? Sehen Sie denn nicht, daß dieses Kind sterben wird?« brachte ich schluchzend hervor. Wir mußten gehen. In Kürze würde die Ebbe kommen und einige Mitreisende mußten dringend zurück nach Cebu. Ein amerikanischer Pastor, der die ganze Situation mitbekommen hatte, sagte zu mir: »Wenn Du es schaffst, diese beiden Kinder von hier nach Cebu zu bringen, dann laß es mich wissen. Ich werde für alle notwendigen Arztkosten und Sonstiges aufkommen.«

Wieder in Cebu suchten Randolf und ich sofort ein Kinderheim auf, mit dessen Leitern wir einen guten Kontakt hatten und die sich mit rechtlichen Dingen auskannten. Wir erkundigten uns, wie man vorgehen muß, um die Kinder nach Cebu zu holen. Der Leiter war bereit, seine Sozialarbeiterin nach Dawahon zu schicken, die versuchen sollte, die Mutter zur Freigabe der Kinder zu bewegen.

Jedoch in der Zwischenzeit erreichte mich die Nachricht von der Insel, daß die Mutter jegliche Hilfe ablehnte und den Kindern auch nicht mehr die Medikamente geben wollte, die wir ihr hatten zukommen lassen und zwar mit den Worten: »Wenn sie sterben, so sterben sie, wenn sie leben, so leben sie.« Ich konnte diese Frau absolut nicht verstehen. Wenn ihr die Kinder egal waren, warum verhinderte sie dann noch, daß wir ihnen helfen? Vielleicht würde es aber der Sozialarbeiterin gelingen, etwas zu erreichen.

Seit einiger Zeit war es unruhig im Land und es wurde von einem bevorstehenden Putschversuch gemunkelt. Und dann wurden die Vermutungen wahr. Es begann in Manila und breitete sich bis zu uns nach Cebu aus. Gruppen innerhalb des Militärs wollten die damalige Präsidentin Aquino stürzen und hatten das Regierungsgebäude angegriffen. Es wurde geschossen und Menschen starben.

Dies war nicht der erste Putschversuch, den wir auf den Philippinen miterlebten, doch man konnte nie wissen, wie sich alles entwickeln würde. Wir machten uns Sorgen um unsere Heimkinder

Randolf und Britta Wetzel in Cebu City.

auf der Insel Mactan und beschlossen über die Brücke zu fahren, um ihnen Geld zu bringen, damit sie sich Vorräte anlegen konnten.

Als wir an der Brücke ankamen waren überall Soldaten. Auf der einen Seite die Regierungstreuen und auf der anderen Seite die Rebellen. Sie hatten bereits den Flughafen auf Mactan unter ihre Kontrolle gebracht. Jeglicher Flugverkehr wurde eingestellt. Viele Touristen und Ausländer konnten das Land nicht mehr verlassen.

Man ließ uns jedoch ohne Probleme über die Brücke. Es war uns schon mulmig zumute, so zwischen den Fronten zu sein. Schnell fuhren wir zum Heim, besprachen uns kurz mit den Heimeltern und machten uns bald wieder auf den Nachhauseweg.

Später erfuhren wir, daß die Rebellen sogar unser Göttingenboot benutzt hatten, um dort Granatwerfer zu platzieren. Auch war unter der Brücke Sprengstoff angebracht worden. Im Radio konnten wir mitverfolgen, wie es immer darum ging, daß sie drohten, die Mactanbrücke und noch so manches mehr in die Luft zu jagen.

Nach etwa einer Woche gaben die Rebellen auf und alles normalisierte sich wieder. Gabriel machte sich sogleich mit der unversehrt gebliebenen ›Göttingen‹ auf den Weg nach Dawahon, doch leider konnte er mir von dort keine gute Nachricht bringen. Die beiden kleinen Jungen waren inzwischen verstorben. Wie sehr hätte ich ihnen gewünscht, sie würden gesund werden und ein gutes zu Hause finden.

Als Trost empfand ich es, daß sie nun nicht mehr leiden mußten, und ich bin mir sicher, daß sie bei Jesus gut aufgehoben sind. Hatte er doch zu seinen Jüngern gesagt: »Lasset die Kinder zu mir kommen und wehret ihnen nicht, denn ihrer ist das Himmelreich.« (Matthäus 19,14).

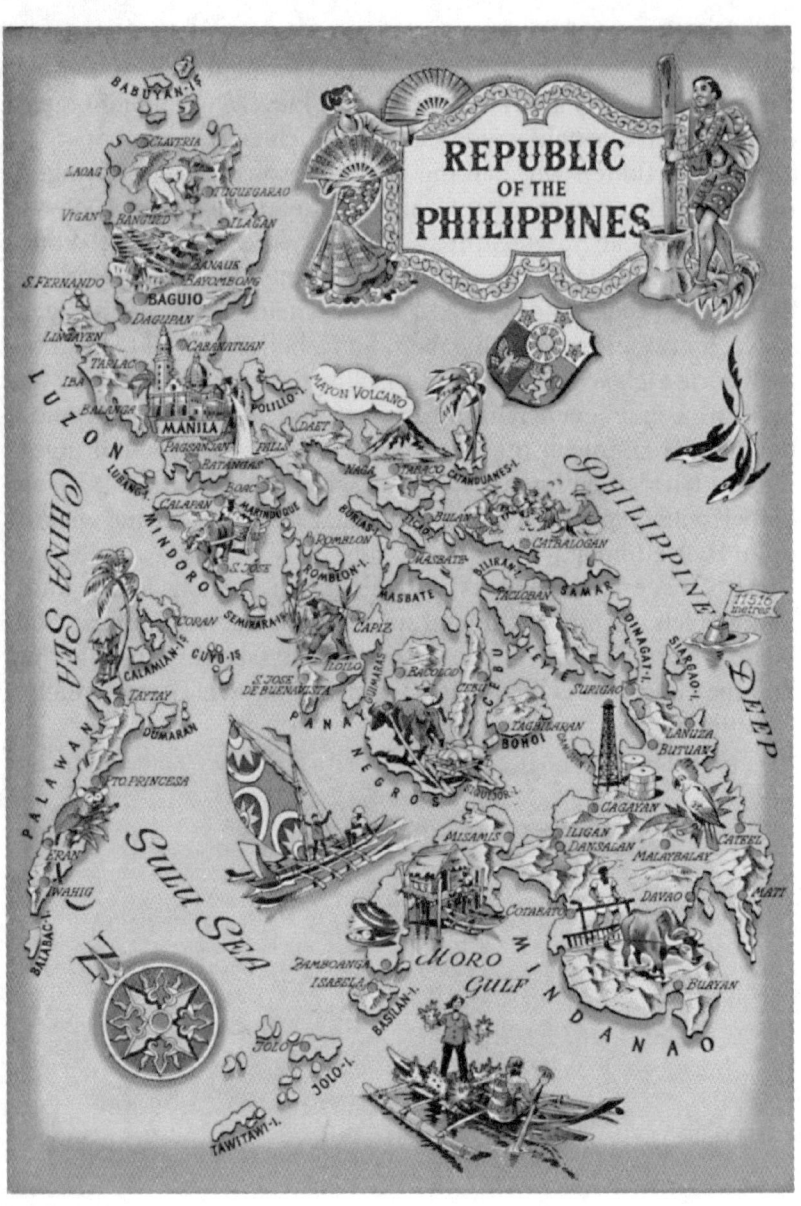

REPUBLIC OF THE PHILIPPINES

PAGAO –
der Bandenchef, den Jesus fand

Von Dankfried Spindler

Klirrend fallen die schweren Eisentore in die Schlösser. Wieder einmal stehe ich im Innenhof des größten Gefängnisses von Asien. Beklommen starre ich auf die mir gegenüberliegenden Zellen im Gebäude der Todeskandidaten. Zwei Männer der Wachmannschaft nehmen mich in ihre Mitte und dann laufen wir am Gefängniskrankenhaus vorbei. Am Ende des Weges geben die Gebäude den Blick auf die schöne Kirche frei. Kurze Zeit später bin ich im Büro der Gefängnis-Gemeinde. Mir gegenüber sitzt – sein Gesicht in den Händen vergraben – ein Mann mittleren Alters, der bitterlich schluchzt und weint.

Bereits vierzehn Jahre hatte dieser Mann im Gefängnis von Muntinlupa zugebracht. Darüberhinaus sechs weitere Jahre in Gefängnissen und Straflagern anderer Inseln. Insgesamt einhundertundsechs Jahre ist nach philippinischem Recht die Strafe, die er sich als ehemaliger Pirat und Bandenchef ›eingehandelt‹ hat. Aber nicht nur vor seiner ersten Inhaftierung im jugendlichen Alter von siebzehn Jahren war er Bandenchef, nein, er blieb es auch im Gefängnis, hinter Eisengittern.

Eine grauenvolle Zeit lag hinter ihm, die wir nicht in Einzelheiten beschreiben wollen. Zeitweilig war das Gefängnis mit 10.000 männlichen Häftlingen überfüllt. Man war sich gegenseitig im Weg. Das war die Zeit, in der sich die Banden innerhalb des Gefängnisses gegenseitig bekämpften und durch Morde aufrieben. Eine Revolte jagte die andere. Schließlich wurde Pagao von einer furchtbaren Angst getrieben. Er fürchtete um sein eigenes Leben. Diese Angst vor den Feinden brachte ihn soweit, daß er jeden niederstach und ermordete, der ihm zu nahe kam.

Auf dem Höhepunkt dieses Wahnsinns sah sich die Gefängnisverwaltung dazu gezwungen, einzugreifen. Zu viele Menschenleben, Mitgefangene aller Altersgruppen, waren durch Vicente Sinsano alias ›Pagao‹ in akuter Gefahr. So wurde Pagao innerhalb des Gefängnisses in eine Grube gelegt, in der sich auch Unrat befand. Man glaubte, man würde ihn hier zur Besinnung bekommen. In jener Grube mußte nach einiger Zeit auch die beste Gesundheit zusammenbrechen. Und so geschah es auch. Schließlich holte man ihn wieder heraus und brachte ihn in das Gefängniskrankenhaus. Nach einer mehr oder weniger gründlichen Untersuchung hatten die Ärzte alle Hoffnung auf Besserung aufgegeben. Lungentuberkulose war die Diagnose. Pagao lag verlassen, schwach, hilflos und im Sterben begriffen.

Zu dieser Zeit näherte sich eines Morgens die Gefängnis-Seelsorgerin mit einigen anderen Häftlingen seinem Bett. Ohne jegliche Umschweife stellte sie ihre Frage an den Todkranken: »Darf ich mit dir beten, Pagao?«

Längst hatte Vicente Sinsano allen inneren Widerstand aufgegeben. Seine Gedanken wanderten noch einmal zurück in die Tage seiner Kindheit, zu seiner Familie. Auf der weitentfernten Insel Bohol, hoch oben in den Bergen, war sein Vater in einer Ortschaft achtbarer Bürgermeister gewesen. Vicente war in seiner frühen Jugend schon das ›schwarze Schaf‹ in der Familie. Aber das alles lag so weit zurück, so weit ...

Sanft glitt die Hand der Seelsorgerin über den Kopf des Kranken. »Vater im Himmel, ich bitte dich, daß du Pagao heilst. Aber errette auch seine Seele, Herr Jesus. Bitte, vergib ihm seine Schuld.«

Was kein Mensch für möglich gehalten hätte, das geschah. Bald nach diesem kurzen, aber bestimmten Gebet kam neue Kraft in den fast leblosen Leib. Nach einiger Zeit konnte sich Vicente wieder im Bett vorsichtig aufrichten – und auch wieder denken. Was war geschehen? Hatte das Gebet jener Frau wirklich etwas bewirkt?

Wie ein Lauffeuer verbreitete sich die Nachricht von Pagao's Heilung unter den Gefangenen. Aber auch das andere bekamen sie zu hören: Pagao ist ein ›neuer Mensch‹ geworden. Regelmäßig nahm er an den Gottesdiensten in der Gefängniskirche teil. Was sie jedoch nicht wußten, das war Vicente zur Gewißheit geworden: Jesus Christus lebt! Hier ist keine vage Religion sondern Wirklichkeit. Vicente hatte eine mächtige Begegnung mit dem Sohn Gottes gehabt. Christus hatte in seiner Liebe die Schuld Pagao's getilgt. – Alle seine Schuld? Ja, aber auch wirklich alle! Für Pagao hatte jetzt ein neues Leben begonnen. Als die Gefängnis-Seelsorgerin sah, daß es ihm ernst war, Christus nachzufolgen, veranlaßte sie es, daß es ihm gestattet wurde, in den Schlafsaal umzuziehen, welcher der Kirche angebaut war. Mit weiteren neun Mithäftlingen durfte Pagao nun in dieser Oase zusammenleben. Es war ein Leben unter Gott, ein Leben in christlicher Bruderschaft und Gemeinschaft, ein Leben des Gebets.

Noch immer rollen die Tränen über Pagao's Wangen, als ich ihm gegenübersitze. »Meine Eltern, meine Familie, mein Dorf« kommt es stotternd aus seinem Mund. Hilflos schaue ich auf ihn und werde innerlich ganz still. Natürlich hatte Pagao erfahren, daß ich auf seiner Heimatinsel Bohol stationiert bin. Plötzlich wurde es mir ganz klar, was in seiner Seele vorgeht.

Der Geist Gottes hatte ihm eine Bürde aufgelegt, nicht alleine für die Errettung seiner eigenen Familie, sondern auch für sein Heimatdorf.

»Pagao, schreibe doch einen Brief an deine Eltern. Ich verspreche dir, daß ich sie so schnell wie möglich besuchen werde, wenn ich auf die Insel Bohol komme.« Aufmunternd versuchte ich auf ihn einzureden.

Nie in meinem Leben kann ich den Tag vergessen, als wir nach sechsstündiger Busfahrt über holprige Straßen an der Abzweigung nach Danao standen. Der Kilometerstein gab noch weitere vierzehn Kilometer an. Aber unser Bus fuhr nicht weiter. Ratlos starrten wir uns in die Augen. Ich hatte einen philippinischen Pastor als Begleiter. Waren wir jetzt innerhalb von sechs Stunden sechsundachtzig Kilometer umsonst gefahren? Es war zwei Uhr nachmittags und wir mußten am selben Abend wieder im Missionszentrum zurück sein. Man erwartete uns dort.

Sanft rieselte der Regen vom Himmel. Wir stellten uns unter das Dach einer kleinen Hütte, in der Zigaretten und Tuba-Wein verkauft wurden. »Ich gehe mal über die Straße zu den anderen Hütten«, sagte Pastor Elpidio. Nach einigen Minuten kam er zurück. »Ich habe soeben eine Angehörige der Familie Sinsanso getroffen,« rief er mir zu. »Dort drüben steht sie.« Rasch werde ich ihr vorgestellt und vernehme von der in schwarz gekleideten Frau die erschütternde Nachricht, daß Vicentes Vater drei Tage zuvor gestorben sei. Für eines sind wir in dieser Stunde dankbar: Wir können den Brief von Vicente weitergeben, da diese Frau verspricht, ihn seiner Mutter auszuhändigen.

Zurück geht es ins Missionszentrum nach Tagbilaran. Für mich war das Ganze zunächst nur eine Episode. Viel Arbeit stürmte in den folgenden Monaten auf mich ein. Ich maß dem Erlebnis in Muntinlupa noch keine volle Bedeutung bei.

Gott wachte über den Gebeten von Vicente Sinsano auch hinter den Gefängnisgittern. Christus hatte Vicente als seinen Jünger angenommen. Er hatte ihm nicht nur vergeben, sondern er liebte ihn und kümmerte sich um ihn. Gott hatte die Gebete seines Kindes nicht vergessen. Der Tag der Erhörung würde gewiß kommen.

Nachdem einige Monate vergangen waren, drangen wunderbare Nachrichten an mein Ohr. In einem Bergdorf auf Bohol sei innerhalb einer Kirchengemeinde eine Erweckung ausgebrochen. Viele Christen, die glaubensmäßig lau und kalt geworden waren, hatten zu Jesus zurückgefunden. Sünden waren bereinigt worden. Jetzt sei in jenem Dorf eine Konferenz geplant, zu der auch ich eingeladen würde.

Natürlich freute ich mich über solch eine Botschaft. Doch ahnte ich die Zusammenhänge nicht und war auch gleichzeitig anderweitig in viele Dienste eingespannt, die ich nicht gerne vernachlässigen wollte.

Wenn man in Gottes Arbeit steht, vergeht die Zeit sehr schnell. Wieder waren einige Monate ins Land gegangen. Eines Tages lagerte ich mich auf der Insel Lapining Grande im Gras auf der Erde. Mir gegenüber saß einer unserer Gemeindeleiter. Er begann in seiner bedächtigen Art zu sprechen: »Die Leute in Can-oling warten heute noch darauf, daß du sie besuchst.« – »So? Das ist erstaunlich,« entgegnete ich. »Ich muß sowieso eines Tages in die Berge von Bohol, um die Familie eines Gefangenen von Muntinlupa zu besuchen.«

»Wie heißt dieser Häftling?«, war die Frage. Nun mußte ich mir eingestehen, daß ich nur noch den Vornamen in Erinnerung behalten hatte. »Ich weiß nur seinen Vornamen, Vicente.« – »Vicente Sinsano?«, kam es, wie aus einer Pistole geschossen, zurück. Ich starrte den Bruder erstaunt an; denn sobald er den Nachnamen nannte, kam die Erinnerung zurück.

»Ja. Aber woher weißt du denn von Vicente Sinsano?«

»Du mußte wissen: Can-oling ist das Heimatdorf von Vicente.« Auf einmal ging mir ein Licht auf. Schweigend saß ich im Gras und fing an, die Fakten zu rekonstruieren. Gott hatte wohl das Gebet Pagao's erhört.

»Und Vicentes Mutter?« fragte ich zurück.

»Sie ist gläubig geworden und Glied der Gemeinde.« In diesem Augenblick konnte ich in meinem Herzen nur loben und danken über so viel Gottesgnade.

»Ja, dann muß ich natürlich nach Can-oling,« sagte ich.

Das war jedoch leichter gesagt als getan. Immerhin hatte ich es mir fest vorgenommen und wartete auf die nächste beste Gelegenheit.

Einige Wochen darauf halte ich einen Brief in meiner Hand. Absender war Vicente Sinsano. Freudig riß ich den Umschlag auf und überflog den Inhalt. Dort las ich unter anderem: »Den eingelegten Geldscheck verwende dafür, daß du in meinen Heimatort fährst, um meine Eltern zu sehen und dem Dorf das Evangelium zu verkündigen.«

So schnell mich meine Beine tragen konnten, rannte ich hinüber in den Speisesaal der Bibelschule, wo ich gerade den Ältesten unserer Bibelschüler antraf. Ich wußte ja, daß wir auch einige Bibelschüler aus Can-oling unter unseren Zöglingen hatten. Rasch erklärte ich Fred, warum ich gekommen war und fragte ihn, wie ich nach Can-oling reisen könnte. Jetzt hatte ich die volle Gewißheit, daß es Gottes Plan und Wille war, hinaufzugehen in jenes Bergdorf, von dem ich schon so vieles gehört hatte.

Zu meiner größten Überraschung sagte Fred: »Warte mal einen Augenblick. Ich hole die beiden Vettern von Vicente, sie sind hier auf der Schule.«

Wenige Augenblicke später stand ich den beiden gegenüber. Meine Freude darüber kannte keine Grenzen. Ich hätte einen Luftsprung machen können. Und schon schmiedeten wir Pläne für einen Besuch in Can-oling.

Wenige Tage später: Diesmal brachte uns der Bus rüttelnd und schüttelnd bis nach Danao, also in die Ortschaft, in der Vicentes

Vater vor Jahren einmal ein angesehener Bürgermeister war. Diese kleine Ortschaft in den Bergen liegt mitten auf der Insel Bohol. Wie hatte ich mir doch alles so ganz anders vorgestellt. Von Danao aus mußten wir noch knapp einen Kilometer zu Fuß gehen, bis wir an einen Fluß kamen. Eine Brücke gab es nicht. Wir zogen unsere Schuhe und Socken von den Füßen, krempelten die Hosenbeine hoch und wateten durch das Wasser. Auf der anderen Seite mußten wir einen Hang erklimmen und befanden uns dann inmitten einer der schönsten Reislandschaften, die man sich denken kann. Die Reisfeldpfade waren gerade breit genug, um vorsichtig einen Fuß vor den anderen setzen zu können.

»Gibt es denn gar keinen Weg nach Can-oling?« fragte ich meine beiden Begleiter. Diese lachten nur und weiter ging es hinauf zu schattigen Kokosplantagen, unter denen auch weder Weg noch Steg zu sehen war. »Hier kann man sich wirklich verirren, wenn man sich nicht genau auskennt,« dachte ich bei mir.

Nach einem Fußweg von fast zwei Stunden hatten wir es endlich geschafft. Dort tauchten auch schon die Schulgebäude aus dem Grün hervor und in einer kleinen, unscheinbaren Hütte trafen wir, erschöpft aber glücklich, auf die alte Mutter von Vicente Sinsano. Die Tränen rollten ihr über die Wangen, als meine Begleiter ihr erzählten, daß ich Vicente im Gefängnis besucht hatte.

Frau Sinsano war sehr gastfreundlich und tat in den zwei Tagen unseres Besuches alles, um es uns so angenehm wie möglich zu machen. Unvergeßlich bleibt es mir, als ich dann zum ersten Mal den Gliedern der kleinen Dorfgemeinde erzählen durfte, daß die geistliche Neubelebung, die sie erfahren hatten, ausgelöst worden war durch einen Menschen und Bruder in Christus, der im Gefängnis sitzt. Bewegt lauschten sie der Botschaft.

Bevor ich Can-oling verließ, sprachen Frau Sinsano und auch Vicentes Vettern ein Grußwort auf mein Tonband, das ich Vicente bei meinem kommenden Besuch vorspielen wollte. Dann traten wir mit freudigen Herzen die Rückreise zur Missionszentrale an.

Wieder war es ein Erlebnis, als ich Monate später die Gefängnistore in Muntinlupa durchschritten hatte und mich auf die Kirche zubewegte. Wie immer warteten die Häftlinge bereits auf meinen Besuch, besonders aber die neun Männer, die vom Schlafraum, der an der Kirche angebaut ist.

Für Vicente aber war es eine besondere Überraschung, als ich ihm nun Fotos von seiner Mutter und anderen Familienangehörigen überreichen konnte, die von anderen Dörfern herbeigeeilt waren, als sie hörten, daß ich Nachricht von Vicente bringe.

Der Höhepunkt jedoch kam, als er über das Tonbandgerät die Stimme seiner Mutter und seines Vetters hören konnte. Wie muß ihn das bewegt haben, nach so vielen Jahren. Aber nicht nur das, sondern das Schönste für ihn war jedoch, daß auch seine Mutter den Glauben an Jesus Christus angenommen hatte. Jetzt konnte auch er sich der Tränen nicht erwehren. Noch immer lauschte er dem Tonband.

Während ich ihm gespannt zusah, kam auf einmal ein Gedanke in mir hoch. Es war ein Gedanke, der nicht von mir selbst stammen konnte. Ein Gedanke, der so ungeheuerlich war, daß er nicht von dieser Welt sein konnte. Und sofort kamen auch wieder Zweifel in mir hoch. Konnte ich das überhaupt einem Häftling sagen? Würde ich damit nicht mehr zerstören als aufbauen? –

Ich versuchte, in mich hineinzuhorchen. Aber innerlich war es ganz klar. Ich sollte es ihm sagen. Ich mußte mir dazu einen richtigen Ruck geben. »Vicente«, begann ich, »wenn ich zurück bin in Deutschland, werde ich für dich ein Gnadengesuch einreichen. Aber du mußt beten und glauben, denn nur der HErr alleine kann dich wieder aus dem Gefängnis herausbringen.«

Etwa eine halbe Stunde später saß ich wieder im Büro der Gefängnis-Seelsorgerin, jener Magd Gottes, die, in großer Verantwortung vor Gott und in ganzer Treue, einen heldenhaften Dienst im Gefängnis von Muntinlupa tut. Und das schon seit vielen Jahren, inmitten aller Revolten; doch sie hielt tapfer aus.

Gemeinsam berieten wir im Einzelnen, wie man am besten ein solches Gesuch einreichen kann. Es war dies keine Kleinigkeit, denn schließlich hatte Pagao mehr als Lebenszeit, nämlich 106 Jahre abzusitzen.

Immer wieder fragte mich Vicente, ob ich auch das Elternhaus, seines Vaters eigenes Haus, gesehen hätte, was ja weit von Can-oling entfernt liegt. Nun konnte ich es bejahen, da ich es wenigstens von ferne sah. Es wurde mir von meinen Begleitern auf dem Rückweg von Can-oling nach Danao gezeigt.

Gott hatte wahrlich seine Hand auf Vicente gelegt, auch schon als er noch hinter Gefängnisgittern saß. Dort in der Gefängniskirche hatte er jetzt als Diakon einen Vertrauensposten inne, den er gewissenhaft ausfüllte. Der Medizinschrank war unter seiner Kontrolle. Hier lernte Pagao mit Medikamenten umzugehen. Aber das war nicht der Hauptinhalt seines Gefängnisdaseins. Sein Zeugnis, das er immer und immer wieder gab, wie Christus ihm begegnete, war so oft der Anziehungspunkt für andere Häftlinge. Wie liebte er es doch, den Namen des Herrn, der ihm nun alles bedeutete, anderen Menschen zu verkündigen.

Eines Tages jedoch stockte ihm der Atem und sein Herz schlug schneller. In einem der Gottesdienste hatte er unter den vielen Häftlingen seinen Erzfeind, den wir Manuel nennen wollen, entdeckt. Es ist klar, daß in diesem Momant Vicente an die Zeit erinnert wurde, in der sich beide Bandenchefs bitter befehdeten. So begann ein Kampf in Vicentes Brust zu toben. Wer würde die Oberhand behalten, der alte Pagao oder der neue Vicente, dessen Leben Gott gehört? Aber es war nur ein kurzer Kampf. Auch an diesem Morgen gab Vicente in der fast überfüllten Kirche sein Zeugnis unter der Einwirkung einer wunderbaren Kraft der Liebe. So mächtig wirkten die Worte von Gottes herrlicher Liebe auf das Herz von Manuel ein, daß er tiefbewegt in seine Zelle zurückging.

An jenem heißen Morgen hatte Gott zu Manuel geredet. Irgend etwas war geschehen, was Manuel sich nicht erklären konnte. Es dauerte zwar noch eine Zeit, bis alles ›Eis gebrochen‹, aller Widerstand geschwunden war. Immerhin, jener Morgen sollte für Manuel das Anfangserlebnis sein, das ihn bald darauf zur Bekehrung, zum Frieden mit Gott führen sollte. Gott will die Starken zum Raube haben (Jesaja 53,12) damit der Name Jesu gerade durch sie verherrlicht wird.

Inzwischen war ich nach Deutschland zurückgeflogen. Immer wieder stand mir im Geiste das Gefängnis von Muntinlupa vor Augen. Wenn diese Mauern reden könnten! Wieviele Schicksale, wieviel Not, wieviel lebendes Elend! Nur der Unbarmherzige, der Oberflächliche wäre mit seiner Antwort schnell zur Stelle: »Die haben ja selber Schuld an ihrem Elend!«

Mahnend aber sagt Jesus zu uns: »Richtet nicht, auf daß ihr nicht gerichtet werdet!« Und Gott kann wohl einen Menschen, über dessen Schuld hinaus, zurückführen in die Gemeinschaft mit ihm.

Manuel, der noch im Gefängnis ist, drückt das in einem Brief so aus: »Keine Ketten können die Herzen von aufsässigen Gefangenen verändern, die in ihren verschlossenen Zellen untergebracht sind. Nur die Kraft Jesu vermag dies zu tun. Das Wort Gottes triumphiert, wo Waffen und eiserne Ketten versagen.«

Laßt uns nicht vergessen, daß solche Worte aus der Feder eines Ex-Bandenchefs stammen, der Waffen und eiserne Ketten aus jahrelanger Erfahrung kennt.

So trieb es mich förmlich dazu, mein Gnadengesuch an die Regierung in Manila zu entwerfen und abzusenden. Menschlich gesehen gab es für Vicente keine Hoffnung. Er war für 106 Jahre verurteilt und mußte froh sein, daß er nicht, wie viele andere Mithäftlinge, auf dem elektrischen Stuhl endete.

In solchen Fällen war es für einen Todeskandidaten, wenn er sich zuvor zu Jesus bekehrt hatte, eine wirkliche Erlösung und Freude angesichts der Hinrichtung, weil er wußte wohin es nach dem Tod geht.

Auch solche Erlebnisse gibt es in Muntinlupa. Unmittelbar bevor sich ein solcher Häftling gelassen und gefaßt auf den Stuhl setzte, konnte er zum Erstaunen der Richter und Justizbeamten ein klares Zeugnis von Christus ablegen. Er war ein Glied der Christengemeinde im Gefängnis geworden. Und während er sprach, strahlte und leuchtete dann sein Gesicht noch einmal auf. Es waren keine leeren Worte. Für die Richter und Beamten war der Augenblick ergreifend und gleichzeitig unbegreiflich. Erfreulich und glaubensstärkend jedoch für die Gefängnisgemeinde, die einen der ihren nun gleich in der Ewigkeit wußte. –

»So kommt denn und laßt uns miteinander rechten, spricht der HErr: Wenn eure Sünde gleich blutrot ist, soll sie doch schneeweiß werden; und wenn sie gleich ist wie Scharlach, soll sie doch wie Wolle werden« (Jesaja 1,18).

Die darauffolgenden Monate, nachdem das Gesuch bei der Regierung vorlag, waren sicherlich die schwierigste Zeit für Vicente. Der Feind unserer Seelen ruht nicht, sondern weiß, uns an unseren schwachen Stellen anzugreifen. Einige Wochen hindurch hatte Vicente schwere, innere Kämpfe durchzustehen, bis hin zur Mutlosigkeit, die ihn in den Unglauben treiben wollte. Auch der Ungehorsam machte sich breit. Doch einige Treue beteten ernstlich weiter für ihn, auch in der Zeit, in der es so aussah, als wollte er seinem Gott die Treue aufkündigen. Es war eben ein neuer Kampf auf Biegen und Brechen. Gott aber gab Pagao Gnade, nach neuem Versagen wiederum einen neuen Anfang machen zu können. Auch in Deutschland wurde für Pagao gebetet und nach schweren Kämpfen kam der neue Durchbruch ans Licht.

Unterdessen wurden Pagao's Unterlagen im Justizministerium geprüft. Da gab es die schauerlichsten Berichte der jahrelangen Untaten in den Gefängnissen, eine nach der anderen. Doch dann entdeckten sie in den Berichten, daß der Tag kam, an dem solche Untaten plötzlich jäh abrissen, um nicht wiederzukehren. Das war entlastend für Vicente.

Noch eine andere Entlastung kam hinzu. Der Vater war gestorben und die alte Mutter war alleine mit der großen Farm auf den Bergen von Bohol.

Zitternd hielt Pagao eines Tages die Zeitung in der Hand. Er durchflog die Namen derer, die von der Regierung amnestiert worden waren. Aber halt, was war das?: ›Vicente Sinsano alias Pagao‹. Es schien als ob die Buchstaben vor ihm auf dem Papier zu tanzen beginnen. So schnell ihn die Füße tragen konnten, rannte Pagao mit der Zeitung in der Hand zurück ins Seelsorgebüro. »Es stimmt, Mami Olga, es stimmt! Dies ist ja wirklich mein Name,« rief Vicente immer und immer wieder, außer sich vor innerer Erregung. Gott hatte das Unmögliche möglich gemacht! Vicente sollte dann innerhalb von 14 Tagen entlassen werden. Entlassen aus dem Gefängnis, aber nicht entlassen aus der Gemeinschaft mit dem, der alles möglich gemacht hatte – Jesus Christus.

Mich erreichte diese Freudennachricht, als ich noch in Deutschland war. Ich konnte es kaum fassen. Als Vicente's erster Brief ankam, studierte ich, ob die Briefmarke wirklich in Tagbilaran auf der Insel Bohol abgestempelt war. Und sie war es. Tatsächlich, es gab also keinen Zweifel!

Meine Glaubensbrüder in Muntinlupa strahlten mich an, als ich durch das Gefängnistor hindurch war. Sie streckten mir die Hände entgegen zur Begrüßung und die erste Frage war: »Wie geht es Pagao?« Jetzt mußte auch ich lachen und ich antwortete: »Da fragt ihr mich zuviel. Ich komme ja eben erst aus Deutschland. Ihr seid die Ersten, die ich besuche. Aber ich werde Vicente sehen, wenn ich auf Bohol ankomme.«

Es war diesmal ein kurzer Besuch in Muntinlupa, ein frohes Miteinander und viele Grüße wurden mir für Vicente mitgegeben.

Über das bereits gewohnte, holprige Pflaster, eine Menge Staub aufwirbelnd, fegte der MB-Liner der Buslinie der Ortschaft Danao entgegen. »Nun bin ich wieder einmal hier,« sagte ich zu mir selbst. Kaum war ich seit einigen Minuten dem Bus entstiegen, als mit raschen, elastischen Schritten ein gutgekleideter, gutaussehender Filippino auf mich zukam. Ich mußte erst nochmals richtig hinsehen, bevor ich begreifen konnte. »Preis dem HErrn! Hast du eine gute Fahrt gehabt?« Mir gegenüber stand Vicente Sinsano, der ehemalige Pagao von Muntinlupa, jetzt in Freiheit. – Ein anderer Missionar nannte ihn später den ›Nicky Cruz der Philippinen‹.

Ein unvergeßlicher Höhepunkt wird es für uns bleiben, als Vicente in der Ortschaft seines Vaters einen Evangeliums-Kreuzzug mit uns durchführen konnte. Hier konnte er nun in Freiheit sein Zeugnis geben. Und viele der Zuhörer kannten die Familie Sinsano sehr gut.

Aber nicht nur hier, sondern im Großeinsatz zu 34 verschiedenen Inseln durfte Vicentes Zeugnis von Jesus die Herzen von Tausenden seiner Landsleute erreichen.

»Herr, deine Güte reicht, soweit der Himmel ist... und deine Wahrheit, soweit die Wolken gehen« (Ps. 36,6; 57,11).

Soweit aus der Lebens- und Bekehrungsgeschichte von Vicente Sinsano alias Pagao, wie sie Missionar Dankfried Spindler aufgezeichnet hat, der es auch war, mit Gottes Hilfe dafür Sorge zu tragen, daß Vicente begnadigt wurde. Inzwischen sind viele Jahre ins Land gegangen. Wir setzen diesen Artikel fort und beenden ihn mit einem Bericht von Peter Assmus, dem Gründer und Missionsleiter der Odenwälder Heidenmission e.V.

Mitte April 1987. Mit meiner Frau Elke und unserer jüngsten Tochter Tanja besuchten mir die Philippinen. Dort waren inzwischen unsere älteste Tochter Britta mit ihrem Ehemann Randolf missionarisch tätig. Sie wohnten in Cebu City. Dort ist auch die

Verwaltung der ›Christ Faith Fellowship‹, dem philippinischen Missionszweig der OHM.

Als wir in Cebu City ankamen, waren gerade die Vorbereitungen für das jährlich stattfindende Pastorentreffen in vollem Gange. Mehr als hundert Pastoren und dazu deren Frauen und zum Teil auch deren Kinder, sollten zum bereits siebten großen Treffen, eine Woche lang, in Cebu City zusammenkommen. Dies war für mich die Gelegenheit, die meisten unserer philippinischen Mitarbeiter persönlich kennenzulernen. Tagsüber gab es Seminare, Besprechungen, Sitzungen und abends sollte ich der Gastredner bei den Gottesdiensten sein.

Mit großen Erwartungen sah ich der vorgesehenen Woche entgegen. Diese Tage wurden dann wirklich zu einem Ereignis. Unter der Zeit hatte man noch genügend Gelegenheit, mit den einzelnen Brüdern und Mitarbeitern zu sprechen.

Und dann kam auch jener Augenblick, den ich irgendwie erwartet hatte. Pastor Edgar Bantigue, der philippinische Leiter unserer dortigen Missionsarbeit sprach mich an und sagte:»Bruder Peter, jetzt möchte ich dir einen Mann vorstellen, der schon lange darauf wartet, dich persönlich kennenzulernen.« Ich blickte auf und wußte sofort, noch ehe Edgar weitersprach, wer da vor mir stand: Vicente Sinsano, der Pagao von Muntinlupa.

Wir waren beide sehr gerührt, freuten uns und hielten uns lange fest in den Armen, bevor wir sprechen konnten. Ich fand einen demütigen Mann vor, mit so lieben Augen, wie sie nur jemand haben kann, der völlig in Jesus Christus geborgen ist.

Jetzt nahmen wir uns die Zeit, gingen ein wenig abseits in den Schatten, erfrischten uns an einer Pepsi-Cola und tauschten unsere Gedanken aus. Jeder hatte bereits vom anderen gehört, jetzt durften wir uns zum ersten Mal persönlich treffen.

Mit großer Dankbarkeit sprach er von Missionar Dankfried Spindler, durch dessen Initiative es Gott führte, daß Vicente begnadigt wurde. Er sagte:»Nie werde ich vergessen, was dieser Bruder für mich tat.«

Aber Vicente hatte auch ein Anliegen. Gerne würde er wieder von Bohol aus, seiner Heimatinsel, die Gefängnisse innerhalb unseres Gemeindegebietes aufsuchen, um Gefängnismission zu betreiben. Dies hatte er vor einigen Jahren bereits getan. Doch dann zwangen ihn die Umstände, sich mehr nur auf die nähere Umgebung seiner Heimat zu beschränken. Mittlerweile hatte Vicente geheiratet und er ist auch einer der Pastoren der CFF. Auch besucht er regelmäßig das Gefängnis in Tagbilaran. Doch er glaubt, daß Gott ihn für eine weiterreichende Gefängnismission haben will. – Nun sind seit 1987 bis heute schon wieder 12 weitere Jahre vergangen. Vicente Sinsano arbeitete in diesen Jahren mit einem jungen Mitarbeiter zusammen. Sie besuchten viele Gefängnisse, gaben Zeugnis und predigten die Botschaft von Jesus. Die Gefängnisverwaltungen sind über eine solche Arbeit sehr froh.

Nach einigen Jahren übergab Vicente diese Arbeit dann ganz in die Hände von Pet Quinagan, seinem Mitarbeiter in der Gefängnisarbeit. Er selbst war inzwischen alt geworden. Pastor Pet betreut heute selbst eine Gemeinde im Norden der Insel Cebu. Aber jeden Monat ist er für eine Woche unterwegs, um den Gefangenen das Evangelium zu bringen. Dadurch sind inzwischen viele Gefängnisinsassen zum Glauben gekommen. Es wurden Gebetskreise in den Gefängnissen gegründet und die Gläubigen auch dort getauft.

Vicente Sinsano, der Pagao von Muntinlupa, hatte viele Menschenleben auf seinem Gewissen, als er Jesus Christus noch nicht kannte. Doch dieses Gewissen wurde reingewaschen durch das Blut Jesu, das am Kreuz von Golgatha vergossen wurde.

Nach seiner Entlassung aus dem Gefängnis bis heute durfte Vicente viele Menschen durch sein Zeugnis zu Jesus führen. Das ist wunderbar und wir wollen mit ihm Gott dafür danken.

***

Die Gefängnismission auf den Philippinen geht weiter. Vieles konnte inzwischen getan werden. Es wäre aber wunderbar, wenn das Zeugnis von Pagao darüber hinaus alle Gefängnisse der Philippinen erreichen würde. Tausende Gefangene könnten erfaßt und viele zum ewigen Leben geführt werden. Um dies zu erreichen bedarf es aber einiger Geldmittel. Es müßten Teams ausgerüstet und als Botschafter Christi ausgesandt werden. Wer sich angesprochen sieht und helfen will, der kann an uns schreiben.
Odenwälder Heidenmission e.V., 64658 Fürth-Erlenbach
Bank: Volksbank Weinheim BLZ 670 923 00
Kontonummer 50 9080 03.

Vicente Sinsano (Pagao) links im Bild und sein Mitarbeiter Pet Quinagan vor einer Fahrt zu den Gefängnissen.

Gottesdienst in der Gefängniskirche von Dumaguete.

Christliche Freiversammlung im Provinz-Gefängnis von Leyte.

Evangelisation hinter Gefängnismauern.

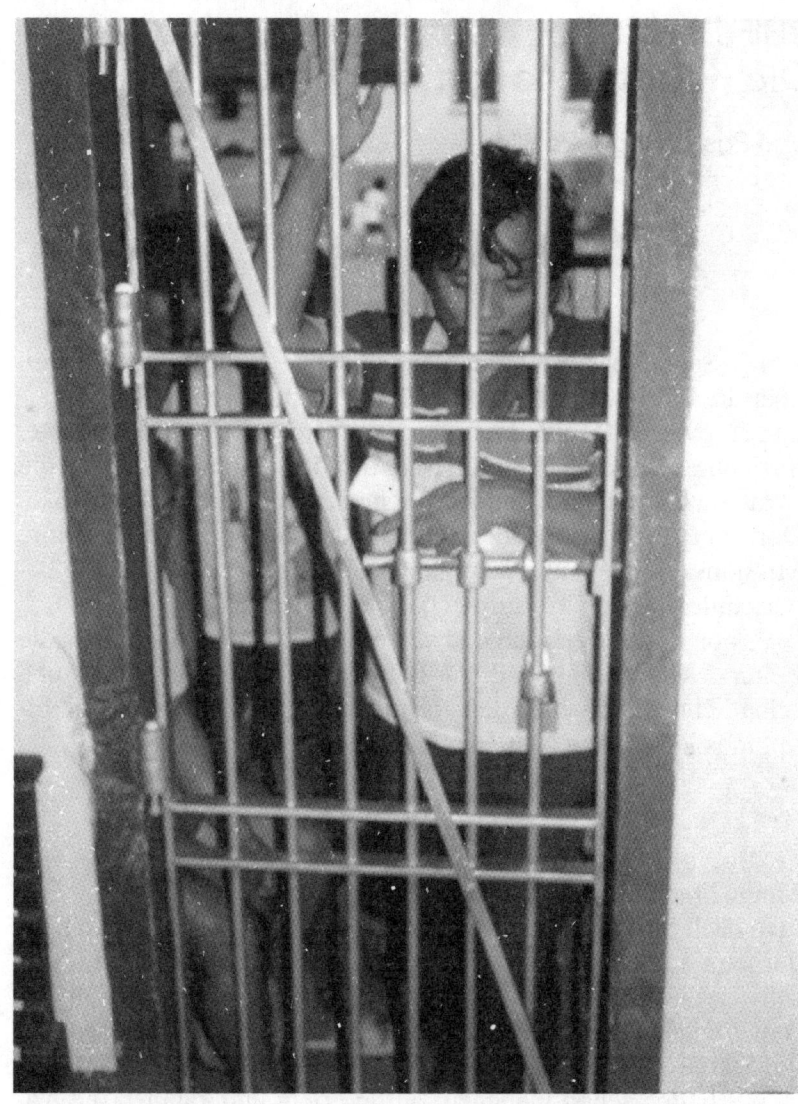

Ein ehemaliger Kommandant der kommunistischen Rebellenarmee (NPA) be-kehrte sich im Gefängnis von Davao und ist heute ein eifriger Christ.

TAIFUN NITANG
Die Katastrophe von Surigao City.

Von Pastor Edgar Bantigue

***

Am 2. September 1984 ging der schwerste Taifun seit 20 Jahren über die Inselwelt der Philippinen und richtete große Verwüstungen an. Dieser Taifun, dem man den Namen IKE gegeben hatte, traf ganz besonders den mittleren Teil des Landes, und auch die Stadt Surigao City auf dem nördlichen Zipfel der Insel Mindanao. Dort hatte die Odenwälder Heidenmission e.V. zu der Zeit ihre Missionszentrale, außerdem gab es ein Kinderheim und eine Bibelschule, die sich im Aufbau befand.

Pastor Edgar Bantigue und seine Frau Edna waren damals die Leiter des Kinderheims. Edgar Bantigue berichtet hier, wie er und seine Schutzbefohlenen den Taifun IKE miterlebten, dem die Filippinos jedoch den Namen NITANG gaben.

***

Meine Frau Edna und ich waren gerade von einem Besuch aus Butuan nach Surigao zurückgekehrt, als uns die Mitarbeiter im Kinderheim sagten, daß ein Taifun angekündigt wäre. Es fiel uns schwer, dies zu glauben, denn das Wetter war viel zu schön an diesem Tag und auch der Nachthimmel zuvor war klar gewesen und die Sterne hatten geleuchtet.

Wir hatten schon manchen Taifun erlebt und kannten die Anzeichen, die einem solchen Sturm vorausgehen. Auch die Leute in der Stadt glaubten nicht so recht, daß ein Taifun käme und so gut wie niemand traf besondere Vorkehrungen. Auch im Radio wurde zu keinen besonderen Maßnahmen aufgerufen oder gar vorausgesagt, wie stark der Sturm sein könnte.

Gegen sieben Uhr abends fing es an zu regnen. Gegen zehn Uhr kam Wind auf. Zu dieser Zeit schliefen alle im Kinderheim. Gegen zwölf Uhr Mitternacht fing der Wind an zu pfeifen und wurde sehr stark; und plötzlich klopfte jemand an unsere Schalfzimmertür. Ich öffnete und sah Anni, eine der Mitarbeiterinnen, die mir sagte, daß das Dach über dem Zimmer der Mädchen bereits vom Wind abgehoben und weggeblasen worden sei. Da erkannte ich, daß wir es doch mit einem gefährlichen Taifun zu tun hatten.

Ich wies Anni an, zusammen mit den Mädchen in das Zimmer der Jungen umzuziehen. Das taten sie auch sofort. Doch nur wenige Minuten später war das Dach auch über dem Raum der Jungen verschwunden. Jetzt fingen einige Kinder an, sich zu fürchten. Und noch während ich den Kindern Mut zusprach, kam erneut ein kräftiger Windstoß und alle Fenster im Wohnraum zerbrachen in tausend Teile und so konnten wir uns auch in diesem Raum nicht mehr länger aufhalten. Wir flüchteten nun alle in unser kleines, privates Schlafzimmer.

Es war der einzige noch geschützte Raum im ganzen Haus und bot jetzt für etwa 30 Menschen Schutz. Gegen 1 Uhr in der Nacht wurde der Sturm immer unbändiger und tobte mit lauten, furchterregenden Geräuschen. Plötzlich hörten wir Schreie auf der Straße. Zusammen mit Eli, einem der ältesten Buben, bahnten wir unseren Weg bis hin zur Eingangstür des Hauses. Im Schein der aufleuchtenden Blitze sah ich einige Menschen auf unser Haus zukriechen. Es war für sie unmöglich, aufrecht zu gehen.

Sie kämpften auf den Knien gegen den Sturm an, um zur Tür zu gelangen. Eine Frau schrie und bat um hilfe. Ihr Junge war schwer verletzt worden. Sofort suchte ich nach einem Motorradhelm, setzte ihn auf, um mich vor all den Gegenständen zu schützen, die durch die Luft gewirbelt wurden.

Schnell eilte ich nochmals zu meiner Frau zurück, um ihr zu sagen, daß wir weitere Menschen aufnehmen mußten. Dann bahnte ich mir den Weg bis zu dem verletzten Jungen.

Endlich wieder im Zimmer, legte ich ihn auf ein Faltbett. Mit Hilfe einer kleinen Taschenlampe konnten wir sehen, daß die linke Seite des Jungen durch etwa Scharfes aufgerissen worden war und daß das Blut pulsartig herausdrang. Mit sauberen Windeln und Bettwäsche versuchten wir, so gut es ging, die Wunde auszufüllen, um den Blutverlust so gering wie möglich zu halten.

Schon bald mußten wir den Jungen auf das einzigste Bett legen, denn es kamen immer mehr Menschen, die aufgenommen werden mußten. Wir hatten unsere Kinder angewiesen, sich mit dem Rücken gegen ein großes Holzbrett zu lehnen, das wir innen vor das Fenster stellten, damit nicht auch hier die Scheiben zerbrachen und die Glasscherben die Menschen verletzten, sollten die berstenden Teile in den Raum fliegen.

Edna und die kleinen Kinder fanden, zusammen mit dem verletzten Jungen, Platz auf dem Bett. Alle anderen mußten stehen, Schulter an Schulter, die kleineren Kinder zwischen ihren Beinen.

Später stellte sich heraus, daß zusätzlich zu unserer Kinderheimfamilie sieben weitere Familien hinzugekommen waren: Männer, Frauen, Kinder; Tanten und Onkel, weit über 100 Menschen, und alle in unserem kleinen 4 mal 6 Meter großen Schlafzimmer.

Viele Leute fingen an zu frieren. Sie waren naß und zum Teil nur mit ihrer Unterwäsche bekleidet. Wir teilten alles aus, was an trockener Kleidung und Bettwäsche zu finden war. So konnten sie sich gegen die Kälte schützen.

Das Kinderheim war von einer höheren Mauer umgeben. Eine Familie wollte über die Mauer klettern, um auf diese Weise zu uns ins Haus zu gelangen. Der Starke Wind erfaßte sie und schleuderte sie wieder hinunter. Dabei wurde das einen Monat alte Baby der Mutter entrissen. Es glitt ihr beim Herabfallen aus den Armen. Die Mutter schrie nach ihrem Kind und suchte es verzweifelt. Aber in dem tobenden Chaos war es fast unmöglich, etwas zu erkennen. Nur die zuckenden Blitze gaben ihre Helligkeit. Sie tastete umher, bis sie ein weiches Bündel fühlte. In der Hoffnung, es könnte ihr Kind sein, nahm sie es hoch und kroch erneut dem Kinderheim zu. Als sie wieder zur Mauer kam, entdeckte sie, daß diese inzwischen umgestürzt war. Sie kroch über die Trümmer hinweg und schaffte es endlich, ins Haus zu gelangen. Im Licht unserer einzigen Taschenlampe öffnete sie das Bündel – und darin lag tatsächlich ein kleines, rosiges Kindchen, vollkommen unbeschadet. Dies war für uns alle und für die Mutter ein Wunder.

Im großen Wohnraum des Hauses, den wir nicht benutzen konnten, lagen die Spielsachen herum, die wir für die Kinder von Freunden aus Deutschland bekommen hatten: Puppen, Teddybären und anderes. Dazu war alles mit Glasscherben übersät. Die Menschen, die zu uns ins Haus flüchteten und an diesem Zimmer vorüberkamen, erschreckten sich und wurden voller Furcht. Im gespenstischen Licht der Blitze meinten sie, es seien einige von unseren Heimkindern, die umgekommen wären, als sie die Umrisse der großen Puppen sahen.

Als wir am anderen Morgen alle aus unserem Zimmer herauskamen und die Leute erkannten, daß unsere Kinder noch am Leben waren und lediglich durch die Puppen getäuscht wurden, reagierten manche so böse, daß sie mit den Füßen nach den Puppen traten.

In unserer Umgebung war das Kinderheim das einzigste größere Haus, deshalb kamen so viele Menschen zu uns, um Schutz zu suchen.

Ihre einfachen, kleinen Bambushäuser wurden vom Sturm dem Erdboden gleich gemacht und dann noch von einer großen Flutwelle überspült oder gar weggerissen. Das Wasser stieg auch an unserem Haus hoch und kam bis zur obersten Stufe, bis kurz vor die Eingangstür zum Kinderheim.

Gegen 4 Uhr morgens, der Taifun war noch nicht zur Ruhe gekommen, wurde der verwundete Junge immer blasser. Er hatte zu viel Blut verloren. Da rief ich meine Frau. Sie forderte uns alle auf, für das Leben des Kindes zu beten. Der Junge verlangte nach Wasser und wollte unbedingt trinken. Seine Eltern waren unfähig, sich seiner anzunehmen. Sie konnten ihn nicht einmal anschauen. Nur seine Tante, die Mutter des Baby's, stand die ganze Zeit an seiner Seite. Sie konnte sein Betteln nicht länger ertragen und wollte ihm Wasser zu trinken geben. Meine Frau konnte dies gerade noch verhindern. Irgendwo hatte sie einmal gelesen, daß man einen so schwer Verletzten besser nichts trinken lassen soll.

Bevor ich mit dem Jungen betete, sprach ich mit ihm. Er flüsterte: »Ich kenne Jesus und ich weiß, daß ich leben werde.« Gegen 6 Uhr lebte der Junge immer noch. Da konnten wir dann das Haus verlassen und an der Straße einen Lastwagen anhalten. Wir baten den Fahrer, den Jungen ins Krankenhaus zu bringen. Wie wir später erfuhren, wurde er auch sofort operiert. Nach mehr als einem Monat kam der Junge mit seiner Tante zum Kinderheim, und es bewegte uns alle sehr, wie er zu jedem Einzelnen ging, dessen

Hand an seine Stirn legte, als Ausdruck tiefster Dankbarkeit für die Hilfe, die wir ihm gegeben hatten.

Wir wußten aber, daß wir nur Werkzeuge in Gottes Hand gewesen sind, um das Leben dieses Jungen zu retten. Die Ärzte selbst sprachen von einem Wunder, daß er überhaupt überleben konnte. Die Wunde war nur einen halben Zentimeter von der Lunge entfernt, dazu kamen die starken Blutungen über Stunden und die Gefahr einer Infektion. Gott hatte unsere Gebete erhört und das Leben dieses Kindes erhalten. Und auch wir alle hatten unser Leben neu geschenkt bekommen.

Der größte Teil unserer Nahrungsmittel war ungeniesbar geworden, der Reis naß, der Zucker geschmolzen. Mit dem wenigen Geld, das wir noch hatten, versuchte ich, so viel Reis wie möglich zu kaufen, denn auch alle, die bei uns Schutz gesucht hatten, mußten versorgt werden.

Die Kinder nahm ich mit in die Stadt und sie konnten mit eigenen Augen ansehen, was der Taifun angerichtet hatte und daß es Menschen gab, die noch Schlimmeres als wir erlitten hatten.

Überall bettelten Menschen um Nahrungsmittel. Der Hunger unter der Bevölkerung war schrecklich. Im Hafenbecken lagen tote Körper, zum Teil total verstümmelt. Die meisten Häuser waren zerstört. Große Schiffe waren von der Flutwelle aus dem Meer herausgeschleudert worden. In der ganzen Stadt stank es nach Verwesung und es gab nicht genügend Särge für alle Toten.

Manche Leichen konnten wegen der starken Verwesung nicht identifiziert werden. Viele waren auch von anderen Inseln angeschwemmt worden. In Matten oder Säcke gewickelt, mußten sie in Massengräbern beigesetzt oder gar verbrannt werden.

Die Krankenhäuser waren mit Verletzten überfüllt. Viele Menschen hatten Nervenzusammenbrüche erlitten. Es gab für Monate keinen Strom, die Banken waren geschlossen. Man konnte keine Anrufe machen und keine Telegramme schicken.

Ich erinnere mich gut daran, daß unsere Heimkinder, nachdem sie die Not der Menschen und alle die hungrigen Kinder gesehen hatten, zu mir und meiner Frau kamen und sagten: »Papa, Mama, wir haben alle diese kleinen Kinder gesehen, die kein Essen haben, und so wollen wir gerne auf eine Mahlzeit am Tag verzichten, damit wir es den anderen geben können.

Tief bewegt kamen wir dem Wunsch unserer Kinder nach. Wir gaben eine Mahlzeit am Tag für andere ab.

Jeden Tag, während unserer gemeinsamen Andacht, beteten und weinten die Kinder für alle die Menschen, die unter dem Taifun zu leiden hatten. Für mehr als zwei Monate mußten wir alle in dem großen Wohnraum leben, der zwar noch ein Dach, aber keine Fenster mehr hatte. Es war Regenzeit und manchmal recht kühl in den Nächten. Dann endlich hatte ich die Möglichkeit, nach Cebu City zu fahren, um von dort aus in Deutschland anzurufen. Ich gab unserem internationalen Leiter, Pastor Peter Assmus, Bericht von dem, was hier auf den Philippinen und besonders in unserer Stadt Surigao City geschehen war.

Schon bald konnten uns die Missionsfreunde aus Deutschland finanziell helfen, so daß wir genügend Essen kaufen und auch ein anderes Gebäude mieten konnten. Einige Zeit später erhielten wir auch Unterstützung aus Amerika, wo Missionar Friederich Lückhof die Gemeinden auf unsere Not aufmerksam machte. Dort sah er in den Fernsehnachrichten was geschehen war und konnte gleich die amerikanischen Freunde um Hilfe bitten. Im Ausland wurde dieser schreckliche Taifun IKE genannt. Hier auf den Philippinen hieß er NITANG. Es war der stärkste Taifun seit 20 Jahren gewesen, mit einer Windgeschwindigkeit von 220 km in der Stunde. Die Warnungen der Wetterstationen ließen die Menschen nichts Schlimmes befürchten. Taifune gibt es hier auf den Philippinen etwa zwanzig, manches Mal auch mehr in jedem Jahr. Sie treffen mal diesen, mal jenen Landesteil und sind auch unterschiedlich stark.

Mittlerweile werden auch bessere und treffendere Warnungen gegeben, so daß sich die Leute darauf einstellen und Vorkehrungen treffen können. Der Taifun NITANG hatte zwischen 2.000 und 3.000 Menschenleben gefordert. Noch nach Monaten konnte man verweste Körper finden; auch das Meer spühlte immer noch Tote an.

Die Felder waren zerstört. Die Kokospalmen wie Streichhölzer geknickt. Bis solche Bäume wieder Frucht tragen, dauert es mindestens fünf Jahre.

Viele Tiere waren umgekommen. Das Gras und die Büsche wurden braun. Das ganze Land sah aus, als wäre es abgestorben.

Noch Jahre danach konnte man vereinzelte Überreste sehen, die an die schreckliche Katastrophe vom 2. September 1984 erinnerten. Doch das Meiste wurde wieder aufgebaut.

Inzwischen gab es auf den Philippinen weitere schreckliche Taifune. Doch erstaunlicherweise gehen die Menschen immer wieder schnell darüber zur Tagesordnung über. Das Leben geht weiter, denn viele müssen auch so schon täglich ums Überleben kämpfen. So war auch der Taifun NITANG nur ein Ereignis, eine Katastrophe von vielen. Und heute, nach vielen Jahren, ist er für die meisten Leute nur noch eine blasse Erinnerung.

WAS IST EIN TAIFUN?

Taifune gehören zu den schlimmsten Wirbelstürmen, welche die Erde zu bieten hat, und die Philippinen liegen mitten auf ihrer Bahn. Alljährlich bezeichnen Verwüstungen ihre Pfade, gehen Hunderte von Menschenleben und Millionen an Sachwerten verloren.

Taifune sind heftige, tropische Wetterstörungen mit einem charakteristischen Tiefdruckgebiet in ihrem Zentrum. In der nördlichen Hemisphäre, als ein Ergebnis der Erdrotation, bläst der Wind gegen den Uhrzeigersinn um das Zentrum eines Tiefdruckgebietes herum. Aber in der südlichen Hemisphäre bläst er genau entgegengesetzt, und zwar im Uhrzeigersinn.

Es gibt gewisse Gebiete der Erde, die das Entstehen der Wirbelstürme begünstigen. Es sind dies große, warme Ozeangebiete. Man hat beobachtet, daß die niedrigsten Temperaturen des Ozeans in der Zeit des Entstehens eines tropischen Wirbelsturms 26 bis 28 Grad Celcius betragen. Diese Superstürme können tödliche Windgeschwindigkeiten von mehr als 300 km/h und Wellenhöhen bis zu 40 Metern entwickeln.

Katastrophal sind auch die mit dem Taifun einhergehenden Regenfälle, die pro Sturm mitunter mehr Niederschlag bringen, als die Jahresniederschlagsmenge der Bundesrepublik Deutschland ergibt. Fluten und Erdrutsche sind es dann auch, welche die meisten Todesopfer fordern.

Tropische Wirbelstürme werden nach ihrer Windstärke klassifiziert. Es gibt drei Kategorien: a) das tropische Tief – maximale Windgeschwindigkeit weniger als 64 km/h; b) der tropische Sturm – Windgeschwindigkeit zwischen 64 km/h und 117 km/h und c) der Taifun – Windgeschwindigkeit ab 118 km/h bis über 300 km/h.

Die Quelle der Energie eines Taifuns ist die feuchtwarme Meeresoberfläche. Während diese feuchte Luft ins Zentrum des Taifuns zusammenläuft, steigt sie. Mit dem Höhersteigen entsteht Wasserdampf. Die Kondensation dieses kühlen Wasserdampfes setzt riesige Mengen an latenter Hitze frei. Es wird geschätzt, daß nur 3% dieser immensen Energie gebraucht wird, um die Energie des Windes aufrecht zu erhalten. Die Energie, die an einem einzigen Tag durch einen Taifun freigesetzt wird, entspricht der Energie von 400 Super-Wasserstoffbomben.

Das kleine Zentrum des Taifuns, mit einem Durchmesser von 10 bis 50 km, wird als das Taifunauge bezeichnet. In ihm weht ein ruhiger, leichter Wind, mit klarem oder nur teilweise bewölktem Himmel, einer hohen Luftfeuchtigkeit und warmem, gewöhnlich schönem Wetter. Dieses ruhige Auge ist von der maximalen Windstärke des Taufuns umgeben.

In den vergangenen Jahren gab es auf den Philippinen durchschnittlich 21 tropische Tiefdrucksysteme pro Jahr; in jüngster Zeit sind es 27. Und alle paar Jahre gibt es dann auch den sogenannten Killer-Taifun, von dem man dann noch nach Generationen spricht.

Die Taifun-Saison endet etwa im November. Zu diesem Zeitpunkt befindet sich ein massives Hochdruckgebiet über Sibirien und China (bis zu 1080 Millibar = Weltrekord!), welches den Nordost-Monsun einleitet, von dem die Pazifikküste beeinflußt wird. Jedoch zählen vereinzelte Taifune in dieser Jahreszeit, auf Grund des enormen Druckgefälles, zu den Stärksten.

(Quellen: R. Hanewald, Manila ›Abenteuer-Handbuch Philippinen‹ und Wetterinformationsbericht aus dem Telefonbuch von Cebu City).

Unser Kinderheim in Surigao City nach dem Taifun vom September 1984.

Gott bewahrte unsere Kinder; keines von ihnen wurde verletzt.

Auch die neue Bibelschule wurde total zerstört.

Die Verwüstungen in der Stadt Surigao erinnerten teilweise an einen Flieger-angriff.

Im Urwald von Mindanao

Von Britta Wetzel

Mit dem Schiff ging es durch die Nacht nach Butuan und von dort mit dem Jeepney weiter nach Esperanza. Dann fuhren wir mit einem kleinen Boot auf dem Agusan-River weiter nach Wahilian, wo wir eine Missionsstation besuchten.

Die Freude dort war groß und schnell wurden ein Schwein und ein Huhn geschlachtet. Abends hatten wir Gottesdienst im Haus und dann wurde das Schwein verzehrt. Am nächsten Morgen gingen wir zurück nach Esperanza zum Bürgermeister, wo wir uns eine Bescheinigung holen mußten.

Danach ging es zu Fuß etwa zwei Kilometer nach Cobo. Dort hatten wir unser Mittagessen, und dann mußten wir zu Fuß weiter nach San Isidro – drei km hin und wieder zurück – und das alles Barfuß. Wir sind auf dem schlammigen Boden nur so dahingerutscht. Es war ein Schauspiel und irgendwie auch eine Demütigung. Wir aus dem Westen mit all unserem Fortschritt hier im Schlamm, oftmals ausgelacht von den Filippinos, für die das Barfußlaufen etwas ganz Normales ist. Aber es war eine gute Erfahrung für uns. Allerdings werde ich das nächste Mal meine Schuhe doch anlassen! Einen kleinen Dorn habe ich als Souvenir mit nach Cebu zurückgebracht. Am Abend dieses Tages waren wir ziemlich geschafft und schliefen gut auf dem Holzboden.

Am nächsten Morgen – wieder zu Fuß – zwei km nach Esperanza, dann mit einem kleinen Boot über den Fluß und weiter mit einem Jeepney bis nach Bayugan. Dort mußten wir zum Militär für eine weitere Reiseerlaubnis.

Der verantwortliche Hauptmann dort war ein Christ und wir konnten auch mit ihm zusammen beten. Dann hieß es warten, warten, warten, bis wir mit dem nächsten Jeepney weiterfahren konnten. Wir mußten nochmals umsteigen und kamen abends endlich gegen 5 Uhr in Talacogon an, wo wir bei einem Pastor einer anderen Mission übernachten konnten.

Ich war etwas geknickt, denn seit wir Cebu verlassen hatten gab es für mich keine Möglichkeit, mich zu waschen. Gut, daß es Alkohol gibt. Aber als einzige Frau im Team unter fünf Männern mußte ich noch ein wenig auf den Komfort des Sich-Waschen-Könnens verzichten.

Am nächsten Morgen ging es mit einem Boot drei Stunden lang auf dem Fluß weiter bis zu einem Ort, dessen Namen ich nicht mehr weiß. Nach langem Warten fuhren wir dann wieder mit einem Jeeney weiter nach Silco. Dort wohnten wir bei lieben Methodisten und – ich konnte mich endlich beim Kerzenschein ›philippinisch duschen‹.

Ach, ich war wie neugeboren. Nun ging es mir schon um einiges besser.

Wir konnten uns auch den Tag darauf dort noch ausruhen, da wir nicht gleich ein Motorboot für die Weiterfahrt finden konnten.

Dort, in Silco kamen wir dann mit Dr. Nasita zusammen, einem feinen, jungen Arzt. Wir besprachen unsere weitere Reise, denn er sollte uns begleiten. Wir hatten in Cebu City von einem amerikanischen Missionar Medizin bekommen, die wir jetzt auch einsetzen wollten. Viel war es nicht, aber besser als nichts.

Morgens ging es dann wieder los. Wir mußten zuerst erneut zum Militär wegen einer Erlaubnis. Auch diesmal war der Kommandant ein gläubiger Christ. Ist das nicht wunderbar? –

Unser Motorboot war eigentlich ein langer ›Einbaum‹ mit Motor und sehr schmal. Eine falsche Bewegung und das Wasser dringt ins Innere oder das Boot kippt um. Wir nun, überbeladen und vollbepackt, verbrachten sechs Stunden auf dieser ›Nußschale‹. Wir wußten bald nicht mehr wie wir sitzen sollten. Alles tat uns weh; und immer die Angst, daß das Ding umkippt.

Einmal streikte der Motor und wir wurden wieder stromabwärts getrieben. Es dauerte eine ganze Weile bis der Steuermann den Motor wieder in Schwung brachte. Ein wahres Abenteuer und zum Glück regnete es nur einmal ganz kurz. Dennoch kam Wasser ins Boot, das ausgeschöpft werden mußte.

Endlich, gegen 14 Uhr, kamen wir in Bagnod an, wo man uns freudig begrüßte. Dort bekamen wir ein ›schönes Zimmer‹ im

Bambushaus unseres Mitarbeiters Rudy Buyonas. Er hatte sogar noch ganz schnell eine Toilette errichten lassen – Bambuswände mit Löchern, ein Loch im Boden und ein leerer Reissack als Tür, neben dem Haus und ohne Dach, doch es war eine Toilette. Mittlerweile ist es die zweite in diesem Dorf.

Nun war ich endlich unter den Stammesleuten. Bei ihnen habe ich mich richtig wohl gefühlt. Nach dem Essen und etwas Ruhe hatten wir ab 16 Uhr bis zum Dunkelwerden einen medizinischen Einsatz. Dieser wurde dann gleich am anderen Morgen ab 8,30 Uhr fortgesetzt, fast non-stop bis 14 Uhr.

Mehr als 100 Patienten konnten behandelt werden. Fast jeder hier war krank, ob Alt oder Jung. Unsere Medizin reichte nicht aus. Wir taten was wir konnten. Gegen 15 Uhr fuhren Edgar Bantigue und der Arzt mit dem Boot zurück. Bis 20 Uhr setzte ich dann die medizinische Versorgung mit Wundbehandlungen weiter fort, auf dem Boden sitzend und mit Kerzenlicht. Am anderen Morgen mußten auch wir dann wieder von hier aufbrechen.

Unser Weg führte uns jetzt sieben Stunden lang zu Fuß durch den Dschungel mit nur etwa 20 Minuten Pause, um wenigstens eine Kleinigkeit essen zu können. Wir mußten jetzt an elf verschiedenen Stellen den Fluß durchqueren. Das Wasser ging uns oft bis zur Brust und die Strömung war stark. Teilweise regnete es auf der Strecke und so mußten wir uns oft durch Schlamm und Gestrüpp hindurchkämpfen. Einmal kreuzte eine Schlange unseren Pfad. Müde, aber doch froh es geschafft zu haben, kamen wir endlich nach 21 km Fußmarsch bei Pastor Renato Cutanda in Mahayahay an.

Randolf und ich nahmen dann noch ein kurzes Bad im Fluß. Das tat gut. Die Nacht verbrachten wir in einem winzigen Räumchen. Es regnete und wir beschlossen, am kommenden Morgen weiterzureisen. Doch wir mußten den ganzen Vormittag auf einen Holztransporter warten, der uns mitnehmen würde.

Zwischendurch versorgte ich noch das Knie eines 14jährigen Jungen. Es war sehr angeschwollen. Ich praktizierte mit einer Insulinkanüle. Aber die war viel zu dünn. Was kam da ein Dreck aus der Wunde. Es tat dem Jungen sehr weh. Ich behandelte ihn mit den letzten Medikamenten, die ich noch hatte. Wir beteten mit ihm. Ich hoffte auf ein Gotteswunder. Es war noch zu viel Schmutz in der Wunde. (Zu einem späteren Zeitpunkt traf ich den Jungen wieder. Sein Knie war vollkommen geheilt. Dies war bestimmt nicht meiner ›Ersten Hilfe‹, sondern Gottes Erhörung meines Gebets zu verdanken).

Die Fahrt mit dem Holzlaster war für mich das Schlimmste was ich bisher erlebte. Es ist kaum zu beschreiben. Ich konnte mich nur ganz schlecht festhalten und Randolf mußte mich stützen. Das Ding schaukelte hin und her und dann hinter mir ein riesiger Holzstamm, der sich immer bewegte. Was habe ich da gebetet. Doch ein anderes Transportmittel gibt es auf diesem Weg nicht. Die Straße ist chaotisch. Anders hätten wir 30 km bis nach Laminga auf diesem lehmigen Boden gehen müssen. Erst dort bekommt man wieder einen Jeepney.

Endlich mit dem Holztransporter in Laminga angekommen, bekamen wir gerade noch den letzten Jeepney, der uns mitnahm, zurück nach Butuan, dem Ausgangsort unserer Reise. Dort schliefen wir und am kommenden Tag fuhren wir mit dem Schiff zurück nach Cebu City.

Eine Woche nach unserer Dschungel-Tour erkrankten Randolf und ich an Typhus. Es war eine schlimme Zeit mit fast unerträglichen Kopfschmerzen und ständig hohem Fieber. Doch wir erlebten in dieser Situation auch die ganze Liebe und Fürsorge unserer philippinischen Geschwister und Freunde. Tag und Nacht war jemand bei uns im Krankenhaus und half uns mit vielen Handreichungen.

Es war schon ein Wunder, daß wir bereits nach einer Woche wieder völlig hergestellt waren und auch sonst keinerlei Folgen wie Haarausfall, Leber- oder Milzschäden bei uns zurückgeblieben sind. Auch konnte uns diese Krankheit nicht davon abhalten, erneut unsere Freunde und Glaubensgeschwister im Dschungel von Mindanao zu besuchen.

In die Wälder von Agusan del Sur geht es zunächst über oft unwegsame Straßen, besonders nach einem starken Regenguß.

Irgendwo hören die Sandpisten auf, dann geht es auf dem Wasserweg weiter.
Hier der Agusan-River.

Die letzte Wegstrecke zu Fuß, dabei muß ein Fluß elfmal durchquert werden, oft bis zu den Hüften im Wasser. Hier Britta Wetzel und einige Mitarbeiter.

Kurz vor Aufbruch in den Dschungel in Bagnod vor dem Haus von Pastor Buyonas.

Auch die Dschungelpfade sind beschwerlich und nicht ungefährlich.

Dr. Alexander Nasita, ein junger philippinischer Arzt, versorgte an diesem Tag mehr als 100 Kranke Manobo's in acht Stunden.

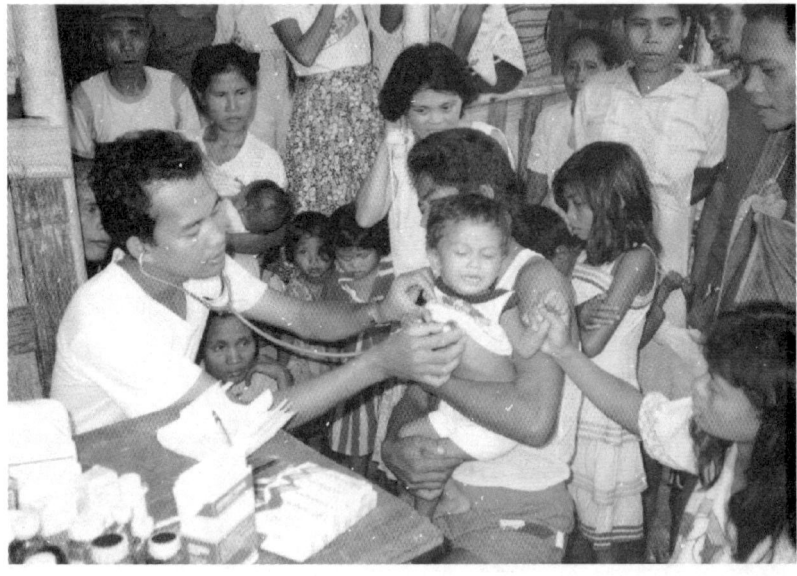

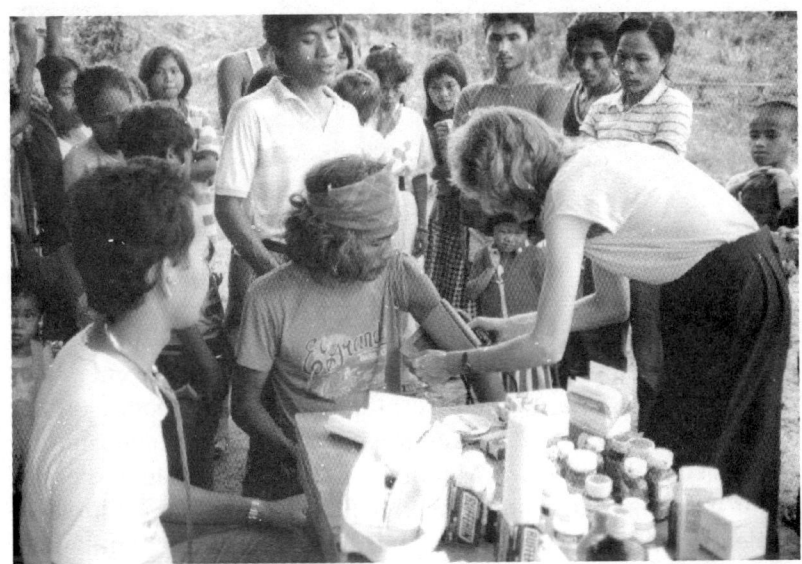

Hier assistiert Britta Wetzel als Krankenschwester dem jungen Arzt.

Um nicht wieder den langen, beschwerlichen Weg zurück nehmen zu müssen, geht es auf einer Holzfällerpiste mit einem Lastauto zurück. Auch diese Fahrt ist nicht ungefährlich.

UNTERNEHMEN MINDANAO
Die Missionsarbeit unter den Manobo

Von Randolf Wetzel

Durch die politischen Unruhen im Land konnte ich Anfang Dezember 1989 meine Reise nach Mindanao nicht antreten. Als es dann später wieder möglich war, fuhr ich nach Butuan. Dort angekommen, setzte ein starker Regen ein. Ich fürchtete, unsere Missionsarbeit unter den Manobo's in den Bergen auch diesmal nicht besuchen zu können, denn schnell wachsen die Flüsse zu reißenden Strömen an und dann wird das Überqueren unmöglich.

Schon stellte ich mich darauf ein, wieder nach Cebu City zurückzufahren. Aber dann ging ich doch, gemeinsam mit Pastor Vicente Reveche, zum Busbahnhof. Dort erwartete uns bereits Rudy Buyonas, einer unserer Mitarbeiter in den Bergen.

Nach kurzer Beratung beschlossen wir nun doch noch am selben Tag in die Berge zu fahren. Wohl regnete es immer noch, aber irgendwie hatte ich den Eindruck, daß unsere Entscheidung richtig ist.

In Laminga angekommen, stellten wir begeistert fest, daß es dort ganz trocken war und schon seit zwei Wochen überhaupt kein Regen gefallen ist. Nach einer kurzen Rast fuhren wir dann mit einem Holztransporter die 32 km weiter nach Mahayahay.

Als wir aber in diesem Dorf angekommen waren, fanden wir zu unserer Überraschung nur noch wenige Familien vor. Auch unser Mitarbeiter Renato hatte sein neues Bambushaus wieder abgeschlagen. Der Grund? – Drohungen der kommunistischen Rebellen gegen das Dorf.

Wir fanden Renato und sein Team in der Unterkunft bei den Forstarbeitern wieder, wo sie vorübergehend ihr Quartier aufschlagen konnten. Etwa eine Stunde später marschierten wir dann alle gemeinsam zum Nachbardorf und hatten dort eine Bibelstunde mit den Männern der zivilen Bürgerwehr. Wir hoffen, daß dort schon bald die halbfertige Bambuskirche fertiggestellt werden kann, um dann als Zentrum für unsere Missionsarbeit in dieser Gegend zu dienen.

Früh ging es am nächsten Morgen weiter. Die Wege waren trocken. Die Flüsse gut zu überqueren. Der Wasserstand war niedrig. Das ist ungewöhnlich für diese Zeit. Dennoch ging uns das Wasser manches Mal bis zu den Hüften. Nach einem Fußmarsch von 23 km kamen wir müde, aber doch gut in Bagnod an.

Am anderen Tag wollten wir eine Höhle aufsuchen, mußten aber erst bei einem Ausbildungs-Camp der Bürgerwehr in der Nähe um Erlaubnis fragen. Der Kommandant gab uns diese Erlaubnis nicht. Umständlich erklärte er uns die verschiedenen Gründe für seine Entscheidung. Aber er versprach uns, ein anderes Mal mit uns in die Höhle zu gehen. So verbrachten wir noch einige Stunden im Lager. Wir fragten, ob wir dort in dieser Zeit eine evangelistische Veranstaltung halten dürften. Dazu gab er uns gerne die Genehmigung.

Erstaunlich viele Leute kamen in kurzer Zeit zusammen. Sowohl Bewohner des Dorfes, als auch Leute der Bürgerwehr. Sie waren alle sehr offen für das Evangelium und wir sind jetzt am Überlegen, wie wir in Zukunft in diesem Camp eine Arbeit aufbauen können.

Ein besonderes Erlebnis hatten wir am Nachmittag. Der Dorfälteste hatte in jener Höhle zwei Riesenschlangen gefangen. Er holte sie aus ihrem Bambuskäfig heraus und wir konnten sie aus sicherer Entfernung beobachten.

Kurz vor unserem Aufbruch brachte man uns noch ein Geschenk in einer Tragetasche, das wir mitnahmen. Es kam vom Kommandanten dieser Bürgerwehr. Der Inhalt? – Einige Fledermäuse, unser schmackhaftes Abendessen. Das Fleisch war allerdings etwas fester als das der Frösche, die es zum Frühstück gegeben hatte.

In der darauffolgenden Nacht sah ich mich im Traum in einem großen Gebäude, das sich plötzlich anfing zu bewegen. Ein Erdbeben – fuhr es mir dabei durch den Kopf und ich sah mich schnell auf die Straße rennen. In diesem Augenblick erwachte ich und spürte, wie sich die ganze Hütte bewegte, so als würden Riesen an den Bambuspfählen rütteln. Jetzt hörte ich auch überall Stimmen:

»Erdbeben, Erdbeben!« Mein Traum war Wirklichkeit geworden. Tatsächlich wurde in diesen Augenblicken der Nordosten Mindanaos von einem starken Erdbeben geschüttelt, das auf der Richterskala die Stärke 7,3 zeigte. Das war stärker als in Kalifornien 1989. Wären die flexiblen Bambushütten Steinhäuser gewesen, so hätte dies verheerende Folgen gehabt. Ich erfuhr später, daß in den Städten Surigao City und Davao Häuser einstürzten oder beschädigt wurden. Auch gab es durch das Beben eine Flutwelle, so daß vier an der Küste gelegene Ortschaften in große Bedrängnis kamen.

Wenige Tage später verspürten wir noch ein zweites, allerdings leichteres Beben. Nun, die Philippinen liegen genau im ›Erdbebengürtel‹, der sich über den Globus erstreckt.

Die Missionsarbeit in Bagnod unter den Mitarbeitern von Rudy Buyonas und Abundio ist gewachsen. Das stellte ich mit großer Freude fest. Von 50 Familien im Dorf gehören jetzt 23 Familien zur Gemeinde. Sie besuchen die Sonntagsgottesdienste und auch die Bibelstunden unter der Woche regelmäßig.

Als Rudy im Juli 1988 in Bagnod mit der Pionierarbeit begonnen hatte, gab es gerade eine gläubige Familie im Dorf. Auch die Jugendarbeit ist dort am Wachsen. Die jungen Leute treffen sich regelmäßig und werden ebenfalls von Rudy betreut, während sich seine Frau der Kindermissionsarbeit widmet.

Am Sonntag wurde im Morgengottesdienst zuerst über die biblische Wassertaufe gesprochen, danach konnte ich eine Kurzpredigt halten. Anschließend ging es zum Fluß. An diesem Tag konnten 17 Dorfbewohner, die dem Manobostamm angehören, getauft werden. Unter ihnen auch ein junger Häuptling. Lange hatte er die neuen Christen verhöhnt und ausgelacht. Aber sie alle haben einfach für ihn gebetet. Diesmal bat er sogar um ein besonderes Gebet für sich selbst. Er wollte von all den okkulten Dingen freikommen, die viele Jahre lang sein Leben geprägt hatten.

Die Kinderstunden finden in einer kleinen Kapelle statt, die einmal von der katholischen Kirche errichtet wurde aber sowieso leer steht. Der Priester kommt jedes Jahr einmal in das Dorf und zwar zum Dorffest. Dabei verlangt er jedes Mal 700 Pesos von den Leuten. Das letzte Mal konnten sie ihm nur 500 Pesos geben. Da soll er sehr böse reagiert haben. Jetzt wollen sie ihm schreiben, daß er überhaupt nicht mehr nach Bagnod zu kommen braucht.

Leider gibt es auch traurige Nachrichten. In diesem Gebiet von Mindanao war die Cholera ausgebrochen. Das hatte so manches Menschenleben gefordert. Unter den Toten war auch eine junge Manobo-Christin, welche gerne im März zu unserem Jugendtreffen nach Cebu City gekommen wäre. Auch einige der kleineren Kinder des Dorfes sind gestorben. Einige von ihnen an Cholera, andere an Masern. So brauchen die Menschen hier auch immer wieder unsere Gebete, damit sie treu bleiben und selbst wieder die Botschaft von Jesus ihren Stammesbrüdern bezeugen.

Rudy Boyonas lernte einen Arzt kennen. Er wollte ihn uns unbedingt vorstellen. Dieser hatte Bereitschaft gezeigt, mit uns zusammenzuarbeiten. So zogen wir los von Bagnod nach Silco. Die Manobo's bauten uns am Vormittag ein Bambusfloß, mit dem wir dann einen ganzen Tag auf dem Fluß unterwegs waren. Wir übernachteten in einem Dorf am Fluß und fuhren am anderen Morgen noch zwei weitere Stunden mit dem Floß bis nach Kamota. Dort trafen wir einen Verwandten von Rudy's Frau. Er hatte ein Motorboot und nahm uns bis nach Silco mit, wo wir dann drei Stunden später ankamen. Dadurch wurde uns eine weitere, lange Floßfahrt von acht bis neun Stunden erspart.

Jetzt erfuhren wir, daß der Arzt aber nicht in Silco war, sondern in seiner kleinen Klinik in La Paz, einige Kilometer entfernt. Er war zu einem Notfall gerufen worden, wiederum viele Kilometer von seiner Klinik entfernt. Rudy ließ aber nicht locker. So fuhren wir weitere drei Stunden mit einem Motorboot und nochmals fast zwei Stunden mit einem Jeepney, um dann doch endlich den jungen Arzt zu treffen.

Es stellte sich heraus, daß er ein gläubiger Christ ist und zu einer Baptistengemeinde gehört. Die Regierung hatte ihn im Bereich von La Paz eingesetzt, also in einem Gebiet, in dem auch wir christliche Pionierarbeit haben. Ein Team von fünf Hebammen und drei Krankenschwestern gehören zu seinen Mitarbeitern.

Es ist auch ihre Verantwortung, sich um die vielen Angehörigen des Manobo-Stammes zu kümmern. Der Arzt hat eine große Liebe zu diesen Menschen und tut seinen Dienst gerne und mit Hingabe. Er will auch mit uns zusammenarbeiten.

Manobo-Dorf in Agusan del Sur auf Mindanao.

Vier Generationen einer Manobo-Familie. Der Urgroßvater war noch ein typischer Manobo-Krieger.

Randolf Wetzel in einem Camp der Bürgerwehr, welche das Manobodorf gegen kommunistische Rebellen schützen soll.

In diesem Camp gab es die Gelegenheit, Dorfbewohnern und Miliz das Evangelium zu predigen.

Die Ureinwohner der Philippinen sind zum großen Teil auch heute noch Sammler und Jäger in den Wäldern Mindanaos.

Manobo-Gemeinde in Bagnod. Hier der Jugendchor im Schulhaus.

Die Neubekehrten in Bagnod werden im Fluß getauft.

Dies sind nicht »Hänsel und Gretel«, sondern Randolf und Britta Wetzel, total erschöpft, nach einer Missionstour bei den Manobo's.

Schiffbruch im Dschungelfluß

Von Renato Cutanda

Zusammen mit unserem Team, vier Männer und sechs Frauen, zogen wir los zu einem der Dschungeldörfer. Für den größten Teil des Weges mußten wir ein Floß benutzen, das aber nur einer von uns bedienen konnte. Wir kamen in die Dunkelheit hinein und seit einiger Zeit regnete es.

Plötzlich verpaßte das Floß eine Flußbiegung und prallte gegen einen Felsen. Einige der Bambusstangen zerbrachen; und bis auf einen von uns, der gerade noch das Gepäck halten konnte, wurden wir alle ins Wasser geworfen.

Es regnete immer noch stark und wir hatten kein Licht, um uns orientieren zu können. Es gelang uns, wieder auf das Floß zu klettern, doch gleich bemerkten wir, daß noch zwei der Frauen fehlten. Daraufhin gingen wir Männer wieder in den Fluß zurück, um die Vermißten zu suchen. Der Rest der Gruppe fuhr weiter, wollte aber an einer günstigen Stelle versuchen anzuhalten, um dort auf die Anderen zu warten.

Durch die starke Strömung wurde das Floß abgetrieben, blieb aber dann endlich an einem Felsvorsprung hängen. Wir riefen nach den Anderen, doch wir bekamen keine Antwort. Wir dachten, daß sie umgekommen seien, zumal wir wußten, daß die beiden Frauen nicht schwimmen konnten.

Wie wir später erfuhren, so waren alle vier, die beiden Frauen und die beiden Männer, die sie suchten, am Untergehen, als sie verspürten, wie sie von einer unsichtbaren Kraft wieder an die Wasseroberfläche getrieben wurden und dann die Möglichkeit hatten, sich an Steinen festzuklammern.

Jetzt fingen sie an, nach uns zu rufen und wir hörten sie endlich. Durch ständiges Zurufen schafften sie es, sich langsam zu uns durchzuschlagen. Wieder vereint, versuchten wir nun die Uferböschung zu erklimmen, doch dies war unmöglich. Wir schafften es nur bis auf den Felsen, an dem unser Floß hängen geblieben war. Wenn es aber noch mehr regnen würde, wären wir alle in der Gefahr, weggeschwemmt zu werden.

Wir froren sehr und rückten ganz nahe zusammen, um einander zu erwärmen. Einige konnten im Gepäck noch ein paar trockene Sachen finden, um sie anzuziehen. Wir beteten. –

Endlich öffnete sich der Himmel und wir konnten die Sterne sehen. Es regnete dann jedoch wieder. So gut es ging versuchten wir zu schlafen. Einer jedoch blieb immer wach, um jeden zu wecken, der anfangen sollte, zu schnarchen. Wir hatten gehört, daß es in dieser Gegend noch Krokodile geben würde und wollten sie durch unser Schnarchen nicht anlocken.

Am anderen Morgen waren wir alle durchgeweicht. Als wir uns umschauten, sahen wir Lianen an der Uferböschung herunterhängen, die wir in der Nacht nicht bemerkt hatten. Jetzt versuchten wir mit deren Hilfe die Böschung erneut zu erklimmen. Diesmal klappte es, doch wir brauchten eine ganze Weile und mit großen Anstrengungen, denn unser Gepäck war sehr schwer geworden.

Oben angekommen, marschierten wir in Richtung Dschungel los. Wir hatten aber schon bald die Orientierung verloren und merkten nicht, daß wir uns immer mehr von unserem Bestimmungsort entfernten. Zeitweise hefteten sich Blutegel an unsere Beine.

Nach einer Weile gaben wir auf und beschlossen, zum Fluß zurückzukehren. Dort wieder angekommen, erkannten wir, daß es Bewahrung gewesen ist, als unser Floß am Felsen hängen blieb. Nur eine kurze Strecke danach wären wir in Stromschnellen geraten und das hätte wohl keiner von uns überlebt.

Auch fiel uns auf, daß der Felsen, auf dem wir die Nacht verbracht hatten, ganz glatt und nicht von Moos bewachsen war. Wie wir später erfahren konnten, sei dies ein Zeichen dafür, daß solche Felsen Schlafplätze der Krokodile seien.

Wir hatten keine andere Wahl als zu versuchen, den Fluß zu überqueren, um ans andere Ufer zu gelangen. Wir machten unser altes Floß wieder flott, packten diesmal aber nur unser Gepäck darauf, hielten uns am Floß fest und schwammen los. Die Strömung war nicht mehr so stark wie am Tag zuvor.

Wir Männer waren erstaunt darüber, wie tapfer die Frauen durchhielten, mit leerem Magen und nach all den vorangegangenen Strapazen.

Am anderen Ufer angekommen, trennte ich mich von der Gruppe und lief los, denn ich hoffte, daß das Dorf, das wir erreichen wollten, ganz in der Nähe sein müßte. Tatsächlich, schon bald traf ich auf Häuser und Menschen. Ich bat sie um Essen, doch sie wollten mir zuerst nichts geben, da sie mich für einen Angehörigen der Rebellen-Armee hielten. Eine Weile später halfen sie mir dann doch und bereiteten Essen für uns alle zu.

Wir erzählten später den Dorfbewohnern, was wir in der Nacht zuvor erlebt hatten. Die Menschen waren erstaunt und sagten uns, daß sie, solange sie sich erinnern können, wegen der Krokodile niemals bei Nacht im Fluß schwimmen würden. Und wir hatten viele Stunden im und am Wasser zugebracht.

Noch am selben Abend konnten wir als Gruppe den Dorfbewohnern ein kleines Theaterstück mit biblischem Thema vorführen und am nächsten Tag predigte ich den Menschen im Dorf das Evangelium. Einige von ihnen haben den Herrn Jesus als ihren Erretter und Erlöser angenommen.

Pastor Renato Cutanda mit Frau und seinen drei kleinen Töchtern.

Manobo-Gemeinde in Mahayahay.

So lebt man in den Hütten der Manobo.

In einem Dorf der Manobo

Von Rodrigo Boyonas

Als wir im letzten Jahr, nach einer sechsmonatigen Schulungs-
und Vorbereitungszeit in Cebu City, loszogen, um in den Bergen
von Agusan del Sur, Mindanao, unter den Eingeborenen zu arbeiten, verbrachten wir zuerst eine Woche zusammen mit den Anderen vom Team in Laminga, einem der letzten größeren Orte, bevor es in die Berge geht. Von dort aus wurden meine Frau und ich
mit unserem wenige Monate alten Kind nach Bagnod gebracht,
dem Dschungeldorf, in dem wir mit unserer Arbeit beginnen sollten. Es war ein weiter Weg und wir mußten einen halben Tag auf
einem Floß zubringen.

Nicht lange danach gingen wir wieder nach Lamiga zurück, um
noch einige Dinge zu besorgen, die wir für unser Leben in Bagnod benötigten. Nachdem wir alle Besorgungen gemacht hatten,
zog ich mit meiner Familie alleine los und dies sollte eine Reise
werden, die wir nicht so schnell vergessen würden.

Während wir mit dem Floß unterwegs waren, begann es stark
zu regnen und wir mußten uns einen Platz zum Übernachten suchen, da wir in der Dunkelheit nicht mehr weiterfahren konnten.
Wir schlugen in der Nähe des Flusses unser Lager auf.

Mitten in der Nacht trat der Fluß über seine Ufer und schwemm-
te unsere Schlafmatten weg. Schnell rafften wir unser Gepäck zusammen und legten unser Kind oben drauf, um es zu schützen. Der
Regen brachte auch viele Insekten und wir wurden von diesen gebissen und geplagt.

Am anderen Morgen zogen wir weiter. Viele Nahrungsmittel
hatten wir nicht mitgenommen, so ernährten wir uns kärglich von
Farnkräutern und wildem Gemüse. Mit dem Floß ging dann die
Reise weiter. Die Strömung wurde immer stärker. Schon dachte
ich, daß wir unser Gepäck verlieren würden oder irgendwo zurücklassen müßten, als wir plötzlich am Ufer mehrere Häuser sahen.

Wir schafften es mit dem Floß anzuhalten und suchten in den leerstehenden Häusern Schutz. Gegen 2 Uhr nachmittags kam eine Gruppe Eingeborener, welche nach Wurzeln und Gräsern suchte. Sie gaben uns Süßkartoffeln zu essen und halfen uns ein besseres Floß zu bauen. Von ihnen erfuhren wir auch, daß die Häuser, welche uns Schutz gaben, infolge einer Epidemie leerstanden. Später erreichten wir dann sicher den Ort Bagnod, der nun unsere neue Heimat werden sollte.

Viele Lebensmittel sind in den Bergen extrem teuer, denn sie müssen über sehr beschwerliche Wege vom Tal nach oben in den Dschungel gebracht werden. Für ein Kilo Reis zahlen wir hier das Doppelte als auf meiner Heimatinsel Bohol. Aufgrund dessen waren wir anfangs gezwungen, wöchentlich einen Fastentag einzulegen.

In den ersten drei Monaten in Bagnod haben wir den Menschen nicht viel von Jesus erzählt, sondern nur unter ihnen gelebt und einfach versucht, so gut wie möglich ihre Lebensweise und Kultur zu verstehen.

Doch bald fingen wir damit an, ihnen Lesen und Schreiben beizubringen, denn fast alle Eingeborenen in den Bergen sind Analphabeten. Meine Frau – sie ist Lehrerin von Beruf – unterrichtet die Kinder und die Erwachsenen.

In dieser Zeit durften wir eine gute Beziehung zu diesen Menschen aufbauen und etwa zwei Monate später, als wir anfingen, ihnen vom Evangelium zu erzählen, hatten wir schon bald regelmäßige Gottesdienstbesucher. Auch fast alle unsere Schüler kamen jeden Sonntag. Einige von ihnen haben Jesus inzwischen schon angenommen und ich kann bereits Veränderungen in ihrem Leben feststellen.

Die Dorfbewohner von Bagnod mögen uns gerne. Der Dorfälteste hat uns sein Vertrauen ausgesprochen und ist dankbar, daß wir ihnen Lesen und Schreiben beibringen. Auch hat man uns kostenlos eine Hütte zur Verfügung gestellt und die Dorfbewohner versorgen uns sogar mit Essen: Wildschwein, Schlange, Affen und andere Nahrungsmittel.

In Bagnod weiß man, daß die Bewohner vom Nachbarort mit den kommunistischen Rebellen (NPA) verbündet sind. Aufgrund dessen schickt das Militär auch immer wieder Spitzel in unsere

Gegend. Und so hat jemand aus dem Nachbarort den ›Spieß umgedreht‹ und behauptet, daß ich zu den Rebellen gehören würde. Dies brachte einige Aufregung unter den Bewohnern von Bagnod und sie nahmen uns vor dem Militär stark in Schutz und verteidigten uns.

Das Militär erlaubt jedem, der in den Dschungel geht, nur wenige Lebensmittel mitzunehmen, aus Angst, daß diese mithelfen könnten, die Rebellen zu versorgen. Es kann aber auch vorkommen, daß NPA-Rebellen reisende Eingeborene überfallen, um ihnen die Nahrungsmittel zu stehlen. So können wir immer nur das Notwendigste auf unseren Wegen mitnehmen.

Im Dorf leben mehr als 50 Familien. Jede hat durchschnittlich 5 bis 8 Kinder. Manche Bewohner sind nur teilweise bekleidet. Sie haben ihre eigene Manobo-Sprache, sprechen aber auch Cebuano. Mit Hilfe eines Manobo-Wörterbuchs ist es mir gelungen, mich schon nach einem Monat in Manobo zu verständigen.

Die Eingeborenen leben vom Jagen und vom Feldanbau, aber auch vom Rattan- und Holzverkauf. Die meisten, insbesondere die älteren Leute, kauen Ma-Ma, eine Droge aus Betelnuß, bestimmten Blättern und Muschelpulver. Ihre Zähne werden davon schwarz und sie spucken immer wieder einen roten Saft aus. Durch diese Droge wird ihnen das Hungergefühl genommen.

Im Dörfchen gibt es ganz kleine Verkaufsläden. Doch alle Dinge sind sehr teuer. So ist z.B. ein Liter Coca-Cola vier- bis fünfmal teurer als in Cebu. Auch Sardinen in Dosen, von den Eingeborenen sehr begehrt, sind kaum zu bezahlen.

Die Leute beobachteten uns anfangs sehr genau. Sie interessierten sich für alles Neue, aber sie waren immer freundlich. Besonderes Gefallen finden sie an Jeans und T-Shirts. Sie haben aber nie etwas von uns verlangt und niemals wurde uns etwas weggenommen, denn das Stehlen ist in diesem Dorf nicht bekannt.

Während die Frauen hier schon im Alter von 12 und 13 Jahren verheiratet werden, sind die Männer dagegen meistens zwischen 27 und 30 Jahren alt. Es kann auch vorkommen, daß ein Mann zwei Frauen hat, die ganz legal nach dem Gesetz der Manobo mit ihm verheiratet sind. Heiratsurkunden oder irgend welche Papiere gibt es jedoch nicht. Feiert man Hochzeit, so geht das Paar nach dem Essen gemeinsam in ein Haus und damit gelten sie als Mann und Frau. Wird einem Ehepartner Untreue nachgewiesen, so kann dieser mit dem Tod rechnen und ist gezwungen, schnellstens zu fliehen.

Was die Ernte von Reis, Gemüse und Süßkartoffeln anbelangt, so gilt hier die Regel: wer zwei Tage lang bei der Ernte mithilft, der darf dann zum Lohn zwei weitere Tage für sich selbst ernten. Und die Mithilfe bei anderen Arbeiten wird hier nicht mit Geld, sondern mit einem guten Essen bezahlt.

Rodrigo Buyonas mit Frau, Kind und Bruder auf dem Agusan-River.

Junge Manobo's binden Palmblätter für das Dach von Rodrigos Haus.

Das ganze Dorf hat mitgeholfen, dieses Haus für Pastor Rodrigo Buyonas zu bauen, das jetzt ein »Gemeindezentrum« in Bagnod ist.

DER MAMANWA-STAMM

Von Dankfried Spindler

Im Nordosten der philippinischen Insel Mindanao gibt es allein im Bezirk Surigao und Agusan del Norte 20.000 Menschen, die zum Mamanwa-Stamm gehören. Das Wort ›Mamanwa‹ kann übersetzt werden als ›Bewohner des Landes‹. Das ursprüngliche Wort ›banwa‹ kommt von ›unkultiviertes Land‹. Außerdem trägt der Stamm auch den Namen ›Congking‹ und ›Conquista‹, was soviel bedeutet wie ›Eroberer‹.

Geographisch leben die meisten Mamanwa in den Diuata-Bergen der Provinz Agusan del Norte und Surigao. Sie sind die Ureinwohner von Mindanao und Vollblut-Negritos, haben ganz stark eingekräuseltes Haar und sind von dunklerer Hautfarbe als die meisten Filippinos.

Die Mamanwa haben ihre eigene Muttersprache, die allerdings Worte aus dem Cebuano aufgenommen hat. Ein eigener Versuch bestätigte, daß Menschen des Manobo-Stammes, also unmittelbare Nachbarn, die Mamanwa-Sprache nicht verstehen können, wie auch die Filippinos nicht, die der Cebuano-Sprache mächtig sind. Dank der Wycliff-Bibelübersetzer gibt es bereits Teile der Heiligen Schrift in der Mamanwa-Sprache zu kaufen.

Leider ist die Entwicklung der Mamanwa auf einer sehr niedrigen Zivilisationsstufe stehen geblieben. Noch vor nicht allzulanger Zeit lebten sie in Höhlen auf den Bergen. Inzwischen haben sie gelernt, sich aus Holz und Bambus sehr primitive Hütten zu bauen, die man nicht mit der normalen Filippino-Nepa-Hütte vergleichen kann. Die ersten Hütten, die sie bauten, hatten noch nicht einmal Wände.

Ihrem Wesen nach sind sie sehr scheu und ängstlich. Es ist unter ihnen üblich, daß sie im Kontakt mit Außenstehenden zwei verschiedene Namen tragen. Dem Fremden werden sie nie ihre eigentlichen Stammes-Namen verraten, um sich so zu schützen. Sie sind ein total freiheitliches Leben in der Natur gewohnt. Sie machen allerdings auch nicht Halt vor den Feldern und Obstbäumen fremder Leute. Trotz ihrer Armut haben sie aber einen gewissen Stolz.

Von Natur aus sind die Mamanwa ein Nomadenvolk, das sich aus verschiedenen Gründen von seiner Ansiedlung trennt, um zu einem anderen Platz zu ziehen. Meistens ist es der Mangel an Nahrungsmitteln, der sie zum Weiterziehen zwingt. In vielen Fällen ist es aber auch der Tod eines Stammes-Mitglieds. Da sie nicht allein den Tod, sondern auch die Anwesenheit von vielen Fliegen fürchten, ziehen sie zu einem anderen, besseren Platz. In einigen Fällen machen sie sich auch dann auf die Wanderung, wenn andere ethnische Gruppen auftauchen.

Immer lassen sich die Mamanwa in kleinen Gruppen oder Clans nieder. So kann es vorkommen, daß zwischen 20 bis 30 Menschen in einer Hütte zusammenwohnen. Zur Überdachung derselben benutzen sie in den meisten Fällen getrocknete Palmblätter, die sie ›tikay‹ nennen, und das Gerüst ist aus Bambus und Rohrgeflecht. Sie besitzen nicht viele Gegenstände in ihren Hütten. Einige Töpfe aus Ton und Metall, einige Wasserbehälter aus Bambus und ›Teller‹ aus Kokosnußschalen sind all ihre Habe. Manche nehmen auch nur Bananenblätter als Teller. Der Mann verfügt noch über eine Axt, sowie über einen Speer und ein Haumesser zum Jagen.

Frauen tragen Balongkag-Ornamente um den Hals, um sich vor bösen Geistern zu schützen. Die ältere Generation tätowiert sich gern. Hirschgeweihe und Stoßzähne von Wildschweinen dienen zur Dekoration ihrer Hütten.

Die Mamanwa sind hervorragende Kenner der Natur, von der sie auch leben. Sie kennen sich im Jagen und Fischen bestens aus, einige sind auch geschickt im Rohrflechten und im Anbau der Cassava-Wurzel.

Unter den 20.000 Stammesangehörigen gibt es auch einige wenige, die Schulbildung genossen haben. Sie sind in der Lage, sich dem normalen Filippino-Leben anzupassen. Jede Mamanwa-Ansiedlung wird von einem Führer aus ihren eigenen Reihen geleitet, der in seiner Würde etwa einem philippinischen Bürgermeister gleichkommt.

Die Mamanwa heiraten auch Glieder anderer Stämme, selten auch einmal ein philippinischer Mann eine hübsche Mamanwa-Frau. Manche haben sich mit Gliedern des Manobo-Stammes verheiratet. Daher gibt es auch einige Mamanwa-Manobo-Ansiedlungen. Gewöhnlich hat jeder Mann nur eine Frau. Der junge Mamanwa hat es nicht leicht, zu einer Frau zu kommen, denn er muß seine Frau von den zukünftigen Schwiegereltern kaufen. Im allgemeinen verlangen diese einen Geldbetrag, Reis und mindestens ein Schwein, andere verlangen Cassava-Wurzeln und Mais. Erst dann, wenn der volle Brautpreis bezahlt ist, findet das Hochzeitsfest statt. Trotzdem ist es Sitte, daß der junge Mamanwa sehr früh heiratet. Die Ehe wird als ein Reifungsprozeß angesehen. Auch bei den Mamanwa ist Ehebruch Grund zur Scheidung und wird geahndet.

Der Mamanwa lebt in der Natur und mit der Natur und ist daher auch für seinen Lebensunterhalt ganz von der Natur abhängig. Entsprechend ist seine Ernährung, die hauptsächlich aus folgenden Nahrungsmitteln besteht: Süßkartoffeln, Cassavawurzeln, Bananen die man kochen muß und andere Bananen. Fleisch erwirbt er sich durch die Jagd. Wenn er Gelegenheit zum Fischen hat, macht er sofort davon Gebrauch. Das einzige Gewürz, das er verwendet, ist Salz. Wenn er Zuckerrohr ergattern kann, kaut er den süßen Saft aus. Aber er kennt auch das Rauchen von Tabakblättern und das leidige Kauen der Betel-Nuß. Die größte Ehre, die man einem Gast antun kann, ist die, daß man ihm eine ›malam-an-an Zubereitung‹ reicht, eben die Betel-Nuß.

Die Mamanwa sind typische Animisten. Zauberdoktoren sind weit verbreitet. Trotzdem glauben sie an ›einen‹ Gott, der der Schöpfer und Beherrscher des Universums ist. Allerdings kennen sie keine Götzenfiguren oder Götzenbilder. Sie glauben an ein besseres Leben nach dem Tod in einem fruchtbaren Land.

Der Medizinmann steht hoch im Kurs. Einige Clans kennen auch noch den ›shaman‹. Er ist der Mittelsmann zwischen der materiellen und der spirituellen Welt. Dieser ist also ein Medium, und er wird von den Mamanwa auch ›Baylan‹ oder ›Palaung‹ genannt.

Weit verbreitet sind auch die Schweine- und Hühneropfer an

den bösen Geist, um seinen Unmut zu dämpfen und ihn zu befriedigen. Ist Krankheit im Clan eingezogen, dann ist es üblich, zu diesen blutigen Opfern zu tanzen, indem man Gongrhythmen verwendet und die Trommel aus Affenhaut schlägt.

Jede Hütte verfügt über einen Hausaltar, auf dem sich ein Teller mit einer Betel-Nuß-Zubereitung befindet. Es kommt auch vor, daß die Bewohner der Hütte um diesen Altar tanzen.

Durch die Ausdehnung der philippinischen Bevölkerung in den Provinzen wurden die Mamanwa immer tiefer ins Hinterland auf die Berge gedrängt. Durch die Primitivität und Armut sowie völlige Unkenntnis hygienischer Voraussetzungen ist die Säuglingssterblichkeit sehr hoch. Vielleicht ist auch darin der Grund zu finden, warum Mamanwa-Familien nur wenige Kinder großziehen, während die philippinischen Familien durchschnittlich fünf bis sieben Kinder haben.

Stirbt jemand im Clan, dann wird ein Grab geschaufelt. Mit einem Palmblatt treibt der Clanchef die Geister von den schaufelnden Männern hinweg. Der Tote wird der Länge nach begraben. Darauf folgen neun Tage Trauer. Während dieser Zeit betet man für seine Seele.

Erst 1956 begann die ›Philippinische-Missionsgemeinschaft‹ den allerersten Dienst unter den Mamanwa zu tun. Später schalteten sich die Wycliff-Bibelübersetzer ein, dazu philippinische Christen mit Privat-Initiativen. Die Boten Jesu fanden unter den Mamanwa eine große Aufgeschlossenheit vor und einen Hunger nach der Wahrheit.

Heute arbeiten verschiedene evangelische Gruppen unter den 20.000 Mamanwa von Nord-Mindanao. Die vorbildlichste Arbeit ist ein christliches Reservat mit eigener Kapelle und christlicher Schule. Die Schulzeit liegt zwischen März und Dezember. Januar und Februar sind Ferienmonate. Der Unterricht wird ganz bewußt unter freiem Himmel abgehalten. Wenn die Eltern zum Fischen gehen, geht das Lehrpersonal mit und unterrichtet die Kinder und Jugendlichen am Strand. Geht es zur Jagd, dann folgen die Lehrer in den Busch. Geht es zum Pflanzen aufs Feld, so folgen sie auch dorthin nach. Buchstaben werden sehr plastisch unterrichtet. Das ›A‹ stellt eine Hütte dar, das ›O‹ ist der Vollmond. So prägen sich die Mamanwa den Buchstaben am besten ein.

Wir selber betreuen durch zwei philippinische Pastoren zwei Mamanwa-Ansiedlungen oder Clans, die sich zum Teil mit Manobo's verheiratet haben. Es handelt sich um die Ansiedlung beim Dorf Paco mit insgesamt 63 Menschen, die in 14 Familien zusammenwohnen. Davon sind sieben Erwachsene und acht Jugendliche dem HErrn in der biblischen Taufe gefolgt.

Die zweite Ansiedlung befindet sich im Dorf Maraiging. Dort sind 15 Familien zum Glauben an den Herrn Jesus Christus gekommen und haben bereits ihre eigene Kapelle.

Medizinische Betreuung gibt es so gut wie gar keine unter den 20.000 Mamanwa's. Die Folge fehlender Hygiene sind furchtbare Hauterkrankungen, die zum Teil auch auf Fehlernährung zurückzuführen sind. Ein erfahrener Arzt, der ein Herz für diese Menschen hat, riet uns, für die Mamanwa eine Klinik zu bauen, die es für sie bisher nicht gibt.

***

Als Nachwort zu vorstehendem Bericht von Missionar Dankfried Spindler wie folgt:

Die Arbeit unter einigen Gruppen des Mamanwa-Volkes war die erste Aktivität der Odenwälder Heidenmission e.V. unter Mitarbeit von Dankfried Spindler bei einem philippinischen Urstamm auf der Insel Mindanao. Wir versuchten, die Lage dieser Menschen dadurch zu verbessern, daß wir ihnen ein landwirtschaftliches Programm angeboten haben. Dazu wurde Gelände beschafft, Ziegen gekauft und Hütten errichtet. So endstand auch in den Bergen von Surigao die Siedlung ›Mount Zion‹. Da sich die Missionszentrale der OHM damals noch in Surigao City befand, konnte dieses Gebiet regelmäßig betreut werden.

Als es später die Umstände ergaben, daß die Missionszentrale nach Cebu City verlegt wurde, war es ratsam, einer einheimischen Mission, die sich ebenfalls in Surigao City befand, ›Mount Zion‹ und die Arbeit unter den Mamanwa's zu übertragen.

Man hat allerdings auch die Erfahrung gemacht, daß diese nomadisierenden Völker sehr schwer seßhaft zu machen sind. Sie verlassen plötzlich ihren Wohnsitz, verschwinden in die Wälder und kehren nach einer gewissen Zeit auch wieder zurück. Diesen

Umständen muß man Rechnung tragen, wenn man die Urstämme der Philippinen missioniert.

In den letzten Jahren hat die Odenwälder Heidenmission zusammen mit ihrer Tochtermission ›Christ Faith Fellowship Philippines‹ gute Ergebnisse unter den Stämmen der Manobo und T'Boli. Bis Ende 1997 gab es bereits in beiden Stämmen jeweils acht Gemeinden. Mehrere junge Stammesangehörige wurden und werden auf unserer Bibelschule ›ACTS‹ auf der Insel Samar ausgebildet, die dann ihren eigenen Leuten, in eigener Sprache die Botschaft von Jesus bringen.

Wer durch eine Patenschaft monatlich regelmäßig einen Betrag zur Missionierung der philippinischen Urstämme spenden möchte, wende sich bitte an:

Odenwälder Heidenmission e.V. D-64658 Fürth-Erlenbach.
Bankverbindung: Volksbank Weinheim e.G. (BLZ 67092300)
Kontonummer 50 9080 03.

Missionar Dankfried Spindler bei den Mamanwa etwa 1978.

Die Mamanwa sind ein Nomadenstamm, deshalb bauen sie nur leichte Hütten. Sie sind vorwiegend Jäger und Sammler. Ackerbau und Viehzucht ist minimal.

Pastor Sammy Rojo (ganz rechts) mit einer Mamanwa-Familie in Kitcharao Nord-Mindanao.

Edgar Bantique (links) und Sammy Rojo (rechts) vor einer Mamanwa-Hütte.

Die Mamanwa zählen zu den Ureinwohnern der Philippinen, die als erste Menschen diese Inseln besiedelten. Sie sind »Negritos« und haben gekräuselte Haare.

Der Stamm trägt auch den Namen »Congking« oder »Conquista«, was soviel bedeutet wie »Eroberer«. Sie leben noch heute als Nomaden in den Wäldern von Mindanao und anderen Inseln.

114

Auch die Mamanwa haben einen »Badetag«.

Mamanwa-Junge

Bekehrung eines Rebellenführers

Von Britta Wetzel

Bruder Bert kommt aus dem Ort Minglanilla unweit von Cebu City. Als wir 1986 unser erstes Weihnachtsfest hier feierten, war diese Gegend als das ›Killings Field‹ bekannt geworden. Hier gab es fast täglich Schießereien und die Zeitungen waren voller Schreckensbilder. Bruder Bert ist ein ehemaliger kommunistischer Rebellenführer. Er war genau in dieser Gegend tätig gewesen. Er selbst hatte einige Menschen getötet und so stand er ganz oben auf der Liste vom Militär gesuchter Personen. Schließlich setzte er sich nach Manila ab, um unterzutauchen. Aber auf Grund verschiedener Umstände ergab es sich, daß er durch einen Verwandten, einen Polizisten, zum Glauben an Jesus Christus gekommen ist. Daraufhin kehrte er nach Cebu zurück.

Seine Frau jedoch nahm ihn nicht ernst und er mußte sich viel Spott gefallen lassen. Bruder Bert stellte sich dann selbst dem Militär. Und wie durch ein Wunder wurde er freigesprochen.

Während er uns dies erzählte, war er tief bewegt. Noch immer kann er nicht fassen, welche Gnade ihm zuteil geworden ist, denn viele seiner ehemaligen Freunde sind im Gefängnis.

Inzwischen kamen schon viele Menschen durch ihn zum Glauben, auch seine Frau, seine beiden Kinder und viele ehemalige Rebellen.

Ich hatte dann noch die Gelegenheit, mich mit ihm persönlich zu unterhalten. Bruder Bert ist ein scheuer und zurückhaltender Mann. Man vermutet nicht, was für ein bewegtes Leben er bereits hinter sich hat.

An Weihnachten des letzten Jahres waren es nun zwei Jahre her (1983), daß er eine persönliche Entscheidung für Jesus Christus getroffen und eine wunderbare Wendung und Veränderung in seinem Leben erfahren hat. Doch sein Leben ist immer noch bewegt. Das Militär ist zwar nicht mehr hinter ihm her, dafür aber umso mehr seine früheren Kameraden aus den Rebellen.

An einem Abend, er kam gerade aus einer Bibelstunde zurück, wollten ihn sechs Männer erschießen. Einige Tage später besuchte er einen Freund, der noch immer aktiv bei der NPA ist. Im Gespräch mit ihm stellte sich dann heraus, daß dieser Mann und noch fünf andere es waren, die ihn umbringen wollten. Aber ihre Waffen funktionierten nicht und die Männer konnten sich nicht erklären warum. So erzählte Bruder Bert diesem Mann von dem, der sein Leben veränderte – Jesus Christus.

Nicht lange danach nahm auch dieser Rebell den Herrn Jesus als seinen persönlichen Erretter an. Bruder Bert hat mich sehr darum gebeten, seiner im Gebet zu gedenken und auch für die Menschen hier auf den Philippinen, Männer, Frauen und Jugendliche, die noch in den Stricken des Rebellentums gefangen sind, tagtäglich töten, selbst aber auch immer auf der Flucht sind, um nicht getötet zu werden.

Es sind Menschen, die für eine Ideologie kämpfen, welche sie aber nicht befreit, sondern nur verblendet und noch mehr versklavt. Ich habe Bruder Bert versprochen, dafür zu beten und daß ich seine Bitte an unsere Glaubensgeschwister in Deutschland weitergeben würde.

TAPFERE MARY LOU

Von Adela Catilcong

Mary Lou Quimson wurde im März 1970 geboren. Ihr Vater stammt von Bohol, ihre Mutter ist eine Eingeborene des Stammes der Higaonon von Mindanao.

Von Geburt an war Mary Lou's Leben von Armut und Krankheit gezeichnet und sie stand in einem beständigen Lebenskampf. Bereits mit acht Jahren wäre sie fast gestorben, doch ein starker Lebenswille prägte schon früh ihr Dasein.

Als sie heranwuchs, hegte sie den Wunsch, einmal eine Sängerin zu werden. Sie dachte, auf diesem Weg könne sie dem Elend entfliehen. Doch dazu kam es dann doch nicht. In ihr wuchs ein tiefes Verlangen nach Gott. Seinen Willen wollte sie erfahren und ihre Zukunft darauf ausrichten.

Im Juni 1989 befand sich Mary Lou dann auf dem Weg zu einer Bibelschule auf der Insel Samar. Inzwischen war sie 19 Jahre alt. Das Fahrgeld hatte sie sich zusammengespart. Manche Probleme und Schwierigkeiten tauchten auf und drohten, ihr Studium zu behindern. Doch Mary Lou hielt durch, wollte sie doch um jeden Preis Gottes Wort studieren.

Tage und Monate vergingen. Plötzlich stellte sie fest, daß ihr Bauchumfang immer größer wurde. Anfangs dachte sie, einfach nur zugenommen zu haben. Doch die Situation verschlimmerte sich und mittlerweile fiel sie auch deshalb bei den Freunden auf. Ein Arzt meinte, daß es sich um ein Gewächs handle, das irgend wann einmal herausoperiert werden müßte.

Doch an eine Operation konnte Mary Lou nicht denken. Woher sollte sie die finanziellen Mittel bekommen? Für die meisten Menschen auf den Philippinen gibt es keine Krankenversicherung. Jedes Medikament, jeder Arztbesuch muß bar bezahlt werden.

119

Im September 1990, so etwa gegen 2 Uhr morgens, erwachte Mary Lou und fand sich in kaltem Schweiß gebadet und wenige Augenblicke später mußte sie erbrechen. Es kamen Mengen von Blut. Ihre Zimmerkolleginnen wurden wach und riefen den Schuldirektor und dessen Frau zu Hilfe. Man brachte sie auf dem schnellsten Weg nach Catbalogan ins Krankenhaus. Auch dort erbrach sie noch große Mengen Blut. Die Krankenschwestern waren erschüttert und die Ärzte konnten es nicht verstehen, daß sie nach einem solchen Blutverlust noch am Leben war.

Mary Lou war sehr schwach und müde, aber sie spürte auch, wie ihr ganzer Körper ums Überleben kämpfte. Sie betete: »Gott, das Leben, das ich lebe, gehört dir, nimm es oder heile es!« Später berichtete sie, daß sie danach erlebte, wie ihr Geist den Körper verließ. Und aus einer gewissen Entfernung sah sie ihren eigenen Körper auf dem Bett liegen. Doch in Sekundenschnelle kehrte sie in den alten Zustand zurück und hörte sich selbst tief durchatmen. Da wußte sie, daß sie noch am Leben war.

Gegen 10,30 Uhr kam der Arzt und sagte, daß, wenn man ihr nicht schnellstens Blut zuführen würde, sie den neuen Tag nicht mehr erlebt. Aber Konserven mit der Blutgruppe AB+ waren kaum zu finden. Nur einer ihrer Mitstudenten hatte diese Gruppe und konnte sofort spenden. Mary Lou ergriff die Hand des Arztes und sagte: »Doktor, tun sie, was für mich das Beste ist und Gott wird sie segnen.« Der Arzt war tief bewegt und tat alles, um die nötigen Konserven aufzutreiben.

Am 20. September war Mary Lou immer noch am Leben, aber in einem sehr kritischen Zustand. Die Ärzte in Catbalogan waren nicht in der Lage, die Ursache für die Blutung zu finden und so mußte sie auf dem schnellsten Weg nach Cebu City gebracht werden. Dort war man endlich in der Lage, die Ursache festzustellen: die Milz war um das Fünffache angeschwollen und ein großes Blutgefäß hatte einen Riß.

Die eigentliche Ursache der Krankheit aber war Schistosomiasis! Kleine, flache, für das Auge unsichtbare Würmer waren durch die Haut eingedrungen, in die Blutbahn gelangt und hatten dort ihre Eier abgelegt. Wird diese Krankheit nicht behandelt, führt sie fast immer zum Tod, da lebenswichtige Organe wie Leber, Blutgefäße, Nieren und Lunge zerstört werden. Es kommt oftmals zu

Anämie. Blutgefäße und Organe können aber auch reißen, und dies war bei Mary Lou der Fall.

Es gab nur eine Hoffnung, um ihr Leben zu retten, die Operation. Doch selbst die Ärzte in Cebu City stellten einen Erfolg in Frage. Ihre Chancen stünden bestenfalls 50 zu 50. Dazu kam, daß eine solche Operation mindestens zwischen 40.000 und 50.000 Pesos kosten würde. Das ist für philippinische Verhältnisse eine große Summe. Mary Lou's Eltern konnten diesen Betrag nicht aufbringen. Doch ohne Geld keine Operation. -

Pastor Edgar Bantigue und seine Frau Edna wollten diese Tatsache nicht einfach hinnehmen. Sie baten die Ärzte inständig, schnellstens zu operieren. Schließlich stimmten sie zu.

Die Operation wurde auf den 26. September festgelegt. Nun begann für alle eine aufregende Zeit. Blutkonserven mit der Blutgruppe AB+ mußten für die Operation besorgt werden. Auf den Philippinen ist es die Aufgabe der Angehörigen, sich um diese Dinge zu kümmern. Doch Mary Lou's Mutter war dazu nicht in der Lage. Andere Verwandte hatte sie in Cebu City nicht. So ging Pastor Edgar von einer Blutbank zur anderen, konnte aber nur einige Konserven bekommen. Vom Missionsbüro aus riefen wir alle Kliniken und Blutbanken an, aber die Gruppe AB+ war kaum zu bekommen. Was sollten wir tun? Es gab keine andere Möglichkeit, als willige Spender zu finden.

Wir riefen bei den verschiedenen christlichen Gemeinden der Stadt an, und schließlich landeten wir auch auf der Straße, um dort nach Menschen mit der entsprechenden Blutgruppe zu suchen. Waren sie gefunden und bereit, mußten sie für einen Test ins Krankenhaus gebracht werden. Hatten sie AB+ und waren sie qualifiziert, durften sie am Abend und in der Nacht nichts essen und mußten morgens früh zur Blutentnahme in die Klinik gebracht werden.

Pastor Edgar quartierte diese Leute bei sich zu Hause ein, um sicher zu gehen, daß sie sich auch an die Vorschriften halten würden. Natürlich mußte auch jedem Spender etwas gezahlt werden.

Endlich hatte man die nötige Menge von 3 Litern Blut für die Operation zusammen. Während Mary Lou bereits im OP war, versammelten wir uns im Warteraum. Es lag große Spannung in der Luft, doch auch Glaube und Hoffnung hüllten uns ein.

Die zehnstündige Operation wurde jedoch schon nach einer Stunde unterbrochen. Der Strom war ausgefallen. Das brachte uns alle auf die Knie. Dank sei Gott, der Strom kam wieder. Pfleger und Schwestern huschten hin und her. Unsere Gefühle waren mal hoch, mal tief. Es wurde ein langer Tag des Wartens. Als am Nachmittag einer der Ärzte auf uns zu kam, dachten wir, es sei alles vorüber. Doch zu unserem größten Erstaunen hörten wir ihn sagen:»Besorgen sie auf dem schnellsten Weg noch vier weitere Konserven, die Operation wird noch für eine Weile weitergehen.«

Wir verschluckten uns fast an unserer eigenen Spucke. Wo sollten wir das Blut herbekommen? Es hatte so viel Zeit und Aufwand gekostet, die Konserven für die Operation zu besorgen, und jetzt sollten wir in ganz kurzer Zeit nochmals vier Konserven auftreiben? Auch hat jede Konserve ihren Preis, und Geld war bereits äußerst knapp.

Es war uns als müßten wir gegen einen Wasserfall ankämpfen. Aber wir hatten keine andere Wahl. Wir mußten schwimmen. Furcht kam für eine Weile in uns auf. In unseren Herzen beteten wir. Wieder riefen wir bei den Blutbanken und Kliniken an. Wieder machte sich Pastor Edgar auf den Weg von einer Stelle zur anderen.»Mein Gott, laß uns die Konserven finden!«

Plötzlich hatte er die Eingebung, es nochmals bei einer bestimmten Blutbank zu versuchen. Es war bereits kurz vor 17 Uhr. Gleich war Feierabend und Mary Lou lag immer noch auf dem Operationstisch.

Atemlos stand Pastor Edgar vor dem Verantwortlichen.»Haben sie vier Konserven der Blutgruppe AB+?« Der Mann schaute ihn an und sagte:»Da haben sie aber Glück gehabt. Gerade haben wir vier Konserven dieser Blutgruppe hereinbekommen, sie sind noch warm.« Pastor Edgar konnte es kaum glauben.

Aber jetzt brauchte er dringend Geld, um die kostbare Flüssigkeit kaufen zu können. Er rief im Missionsbüro an, wo eine Mitarbeiterin zurückgeblieben war und bat, sie möge ihm sofort das Geld bringen.»Welches Geld, Pastor? Ich habe hier nur noch die Summe für die Rechnung der Radiostation,« antwortete sie. »Nimm es und komme sofort her,« war seine Antwort.

Atemlos kam Nelsie mit dem Betrag an. Schnell rannten sie

dann zum Auto und Nelsie hielt während der Fahrt glücklich und jubelnd die vier noch immer warmen Beutel in ihren Händen.

Noch dauerte es eine ganze Weile, doch dann war endlich die Operation vorüber. So viele wunderbare Dinge waren in der Zwischenzeit geschehen. Eine Kette von Menschen hatte mitgeholfen und alle haben ihren Einsatz gegeben. Und schließlich waren wir alle Gott dankbar.

Mary Lou bekam insgesamt mehr als 15 Liter Blut zugeführt, dank vieler Spender, die sie zum größten Teil nicht einmal kennt. Die Ärzte bestätigten das Wunder, denn viele Patienten überleben eine solche Operation nicht. Mary Lou darf zu den Überlebenden gehören.

Betend war sie in die Narkose gefallen und als die letzte Naht gesetzt war, schlug sie wieder ihre Augen auf und sah um sich, als wenn nichts Besonderes mit ihr geschehen wäre. Auch wir konnten sehen, daß ihre Augen voller Lebenswillen waren, als man sie, an uns vorbei, zur Intensivstation fuhr.

Nach einer Zeit der Erholung bei ihrer Familie auf Mindanao ist sie zur Bibelschule zurückgekehrt, um ihr Studium fortzusetzen. Im März 1991 erlebte sie, zusammen mit ihren Klassenkameraden, die Abschlußfeier. Dann machte sie ein Praktikum in einer Gemeinde. Danach wurde sie evangelistisch tätig und konnte eine Gemeinde pionieren. Inzwischen ist sie verheiratet und hat ein Baby adoptiert.

In Bagio, als die Erde bebte

Von Ute Wicke

Montag, den 16. Juli 1990. Fünf Freunde aus meiner Heimatgemeinde in Wienhausen und ich kamen gerade von einem evangelistischen Einsatz zurück, den wir in einem Gefängnis hatten. Wir freuten uns sehr darüber jetzt eine Woche in Bagio verbringen zu können. Es ist nicht so heiß, so staubig und so laut wie in Manila. Hier gibt es Bäche, Blumen, Bäume, Vogelgesang.

Doch da, plötzlich, ohne jegliche Vorwarnung, wackelte der Fußboden, nein, das ganze Haus. »Raus, schnell raus!« rief jemand. Da, ein zweiter, viel stärkerer Erdstoß. Wir konnten nicht stehen. Knieend fingen die ersten an zu beten. Jeder schaute ängstlich zu den Häusern. »Werden uns jetzt die Mauern lebendig begraben?«

Aus der Ferne hörten wir das Schreien von Menschen. Gebäude stürzten ein, Fensterscheiben zerbarsten. Immer neue Erdstöße. Wie liefen schnell auf die Straße. Unser Team war vollzählig. Wie ein Wunder war kein Haus in unserer Nähe eingestürzt.

Schon kurze Zeit später erreichte uns die Nachricht, daß im Stadtinneren Hotels und Gebäude der Universität zusammengestürzt waren. Hunderte von Menschen wurden vermißt. Viele waren verletzt, sie benötigten jetzt dringend Hilfe. Bergungsarbeiten und erste Hilfe waren zu leisten.

Einige von uns gingen los zum Stadtinneren. Und was ich dort gesehen habe werde ich mein Leben lang nicht vergessen.

So viele Sterbende, Verletzte, Verstümmelte. Hier wurde ein Kind beatmet. Dort wurde eine Platzwunde genäht. Hier wimmerte ein anderes Kind. Dort war eine schreiende Frau. Ständig kamen Bergungsleute mit Verwundeten. Eine Hand wurde amputiert. Jemand wurde wiederbelebt. –

124

Jeder lief aufgeregt umher, es wurde bereits dunkel. Alles spielte sich im Freien ab. Es sah auch aus, als ob es gleich anfangen wollte zu regnen. Keine Elektrizität, kein Wasser, keine Zeltplanen ...

Es war wie ein Alptraum. Ich betete die ganze Zeit. Viele Dinge tat ich automatisch, ohne zu denken. Ich war so froh, Krankenschwester zu sein.

Nach dem ersten großen Ansturm an Arbeit konnten wir mit etlichen Überlebenden sprechen, sie trösten, mit ihnen beten. In dieser Nacht gab es kaum Schlaf. Wir schlugen unser Lager unter freiem Himmel auf. Doch die weiteren Erdstöße, die noch kamen, und all das, was wir gesehen hatten, ließen mich nicht schlafen. Mir wurde so sehr bewußt, wie in einer Sekunde unser Erdenleben vorüber sein kann. Alle materiellen Dinge können im Augenblick vergehen.

Wir waren total von der Außenwelt abgeschnitten. Alle Straßen waren blockiert. Kein Strom, kein Wasser, kein Telefon, auch die Nahrungsmittel würden bald knapp werden. Wir hatten selbst nicht viel, doch es fiel uns nicht schwer, das bißchen was wir hatten mit anderen zu teilen.Niemand wußte, ob wir die Häuser jemals wieder betreten konnten. Doch dann kamen Hubschrauber. Hilfe und Hoffnung waren im Anflug.

Am nächsten Tag konnten wir trotz der ständigen Nachbeben mit vielen Menschen sprechen, ihnen Trost spenden, Traktate, Essen, Wasser und Kleidungsstücke verteilen. Nach sechs Tagen brachte uns dann ein Militärflugzeug nach Manila zurück.

Wie uns Pastor Edgar Bantigue später mitteilte, waren die Erdbeben von Bagio und Umgebung ein Schock für das ganze Land. Für eine gewisse Zeit schienen die nationalen Meinungsverschiedenheiten vergessen zu sein. Eine Welle an Hilfsaktionen wurde im Land sichtbar.

Die von der Katastrophe verschonten Menschen versuchten, mit dem Wenigen, das sie selbst besaßen, den Betroffenen zu helfen. Sofort haben auch die Brüder unserer Mission alle vorhandenen Kleiderreserven verpackt und dem Roten Kreuz zur Verfügung gestellt. Pastor Edgar überreichte dazu noch einen Scheck als erste Hilfe unserer philippinischen Organisation.

SARAH, die philippinische Rebellen-Kommandantin

Von Britta Wetzel

Als ich Sarah das erste Mal sah, fielen mir zwei Dinge besonders auf: Sie war ungewöhnlich groß für eine Philippinin und ihr Gesicht wirkte nicht typisch malayisch, sondern wegen ihrer vorstehenden Wangenknochen eher spanisch. Wir wurden einander vorgestellt und Sarah machte auf mich den Eindruck einer ruhigen, zurückhaltenden Frau. Doch nur kurze Zeit später sollte ich erfahren, was sich tatsächlich hinter ihr verborgen hielt.

Im Haus unserer neuen Freunde wurden wir gleich, wie das auf den Philippinen üblich ist, mit kalten Getränken und frischen, warmen Erdnüssen bewirtet. Wir saßen zwanglos zusammen und plauderten. Plötzlich fragte jemand: »Ist euch etwas Besonderes an Sarah aufgefallen?« Ofelia, unsere philippinische Mitarbeiterin, meinte: »Ja, ich habe irgendwie den Eindruck, daß sich hinter ihr etwas verbirgt.«

Daraufhin sagte man uns, daß Sarah eine ehemalige Kommandantin der NPA (kommunistische Rebellenarmee auf den Philippinen) sei. Uns allen blieb der Mund weit offen stehen. So etwas hatten wir allerdings nicht vermutet.

Es dauerte gar nicht lange, und Sarah kam zur Tür herein, auf dem Arm ein gerade zwei Wochen altes Baby, das jüngste von ihren drei Kindern. Ich schaute Sarah an und konnte nicht recht glauben, was ich eben über sie gehört hatte. Diese ruhige Frau, die so liebevoll das Neugeborene auf dem Arm hält, soll eine Rebellen-Kommandantin gewesen sein? -

In den zwei Jahren, die mein Mann und ich hier auf den Philippinen bis dahin gelebt hatten, sind wir mit den Aktivitäten der Kommunisten sehr vertraut geworden. Und das insbesondere durch Berichte in den Zeitungen oder aus Erzählungen unserer einheimischen Pastoren, die schon auf die verschiedenste Weise mit den Rebellen konfrontiert worden waren.

Mit diesen NPA's ist nicht zu spaßen. Sie werden gedrillt, um durch Gewalt und Terror eine Ideologie im Land durchzusetzen und die Regierung in ihre Hand zu bekommen. Sie führen ein hartes Leben und sind ständig auf der Flucht vor dem Militär. Viele leben in den Bergregionen der verschiedenen Inseln wie Samar, Luzon, Mindoro, Leyte, Negros, Bohol und Mindanao, aber auch in Städten wie Manila und Cebu City. Die Familien wissen oft nicht, wo sich ihre Männer, Brüder oder Mütter aufhalten, wenn sie aktive Rebellenmitglieder sind.

Viele kehren auch nie mehr nach Hause zurück, denn fast täglich sterben sie bei Angriffen und Kämpfen, wenn sie mit dem Militär zusammentreffen oder durch Gefechte mit bewaffneten antikommunistischen Gruppen.

In mir stellte sich die brennende Frage: Wie kommt es, daß eine Frau wie Sarah zu einer Rebellenführerin werden konnte? Unsere Freunde baten Sarah, ihre außergewöhnliche Geschichte zu erzählen. Fasziniert hingen wir an ihren Lippen und lauschten gespannt ihrer ruhigen, sanften Stimme, als sie anfing, in Cebuano-Sprache ihre Lebensgeschichte zu erzählen.

Nach einigen Sätzen machte sie immer wieder eine Pause, und Ofelia hatte die Gelegenheit, alles für uns ins Englische zu übersetzen.

Schon früh in ihrer Kindheit wurden die Weichen für Sarah's spätere Laufbahn gestellt. Sie kann sich wohl nur noch schwach an den dunkelsten Tag in ihrer Kindheit erinnern, an dem ihre Eltern ermordet wurden.

Irgendwo im Süden von Mindanao hatte man die Eltern in ihrem Auto überfallen und das Fahrzeug in Brand gesteckt. Den Vater fand man mit vielen Wunden bedeckt tot an einen Baum gefesselt. Die Mutter lag neben dem brennenden Auto. Sie lebte noch, als sie von einem philippinischen Ehepaar, das aus den Bergen kam, gefunden wurde. Bevor sie starb, bat sie das Ehepaar, ihre kleine Tochter aufzunehmen. Sie konnte aber keine Angaben mehr über ihre Familie machen.

Sarah kam später zu dieser Pflegefamilie. Im Alter von sieben Jahren ergab es sich, daß sie einem Gespräch lauschte. Daraus erfuhr sie zum ersten Mal, daß sie nicht die Tochter dieser Eltern war, mit denen sie lebte. Jetzt verstand sie auch, warum sie immer so schwer arbeiten mußte und daß sie eher wie eine Hilfskraft und nicht wie eine Tochter behandelt wurde.

Daraufhin wuchs in ihrem Herzen Verachtung, ja sogar Haß gegen die Pflegeeltern und sie schwor sich, herauszufinden, wer ihre wirklichen Eltern waren und um Rache an denen zu nehmen, die sie getötet hatten.

Kurze Zeit später kam Sarah in eine große Stadt im Süden von Mindanao, wo sie nun bei einer Schwester ihrer Pflegeeltern lebte. Doch auch dort mußte sie schwer arbeiten und konnte immer nur für einen halben Tag zur Schule gehen.

Sarah war gerade zwölf Jahre alt, als sie in der Schule zum ersten Mal mit der CPP/NPA, der kommunistischen Partei in Berührung kam. Leute der Partei kamen in die Schule, um ihre Ideologie zu lehren und um die Schüler mit der kommunistischen Propaganda zu beeinflussen. Sarah war davon begeistert.

Schon bald wurde sie für diese Partei aktiv. Sie ging mit auf die Straßen, um an Protestmärschen und Kundgebungen teilzunehmen. Und dabei wuchs in ihr der Gedanke, daß sie vielleicht durch diese Bewegung die Möglichkeit haben würde, etwas über ihre Eltern herauszufinden und Rache nehmen zu können.

Den Führern der Partei fiel dieses aktive Mädchen schon bald auf. Man zog sie zu speziellen Aufgaben heran. Bald wurde sie von einem Mitglied der Partei aufgenommen.

Jetzt fingen auch die Aufgaben an, schwerer zu werden, die man ihr stellte. Sie mußte ein Waffenlager verwalten und auch dafür sorgen, daß Waffen und Munition an Rebellengruppen verteilt wurden. Dies waren gefährliche Aktionen, bei denen sie oft auf die Dächer von fahrenden Bussen und Jeepneys sprang. Aber sie erfüllte diese Aufgaben absolut fehlerfrei und konnte alle diese Waffen an die dafür bestimmten Orte bringen.

Nach einer gewissen Zeit wurde sie von ihrem Kommandanten befördert. Ab sofort gehörte sie zu dem Clean up Team. Sie lernte es, in Sekundenschnelle einem bewaffneten Soldaten Waffen und Munition vom Körper zu reißen. Sie machte so gute Fortschritte, daß man sie erneut beförderte.

Jetzt kam sie zum Liquidations-Kommando. Sie lernte mit allen Arten von Waffen umzugehen und auch, wie man aus nächster Nähe einen Menschen erschießt. Natürlich blieb es nicht nur bei der Übung. Schon bald mußte sie das Gelernte in die Tat umsetzen.

So verbrachte Sarah ihre Jugendzeit. Andere Mädchen konnten spielen, hatten Freundinnen, durften zur Schule gehen oder wurden gar als Schönheitsköniginnen gekürt, was auf den Philippinen sehr beliebt ist.

Sie lernte Karate und Motorradfahren. Ihre Schule war die Lehre des Kommunismus. Schönheitskönigin wurde sie auch nicht, dafür aber schon als junge Frau Kommandantin über viele Rebellen im Süden der Philippinen.

Sarah lernte einen Mann kennen. Auch er war ein Rebellen-Offizier. Beide wurden von dem obersten Parteichef getraut. Nach der Hochzeit hatte das Paar 14 Tage Flitterwochen bewilligt bekommen. Aber sie mußten im Camp bleiben. Es gab kaum einen Augenblick, an dem sie alleine sein konnten.

Nach diesen Tagen wurden sie an unterschiedliche Plätze gesandt, um für die NPA zu kämpfen. Erst nach eineinhalb Jahren sahen sie sich wieder. Sie waren Mann und Frau, kannten sich aber kaum. Doch jetzt konnten sie zusammenleben und wurden nach einem gemeinsamen Einsatz zu einer anderen Insel geschickt.

Dort passierte es, daß Sarah mit ihrer Rebellengruppe bei einem Überraschungsangriff des Militärs gestellt und geschlagen wurde. Viele ihrer Männer kamen dabei ums Leben. Mehrere Kinder wurden Waisen. Sarah, die gerade selbst ihr erstes Kind bekommen hatte, nahm acht Kinder ihrer Kameraden auf und flüchtete mit ihnen gemeinsam vor dem Militär. Sie hoffte auf Unterstützung der kommunistischen Partei. Doch jegliche Hilfe wurde ihr verweigert.

Zu diesem Zeitpunkt fing sie zum ersten Mal an, sich zu fragen, ob sie wirklich für die richtige Ideologie kämpfte. So viele Jahre ihres Lebens hatte sie sich ganz der Partei hingegeben und jetzt, wo sie selbst einmal auf Hilfe angewiesen war, wurde sie ihr verweigert. Auch war sie nicht hinter das Geheimnis ihrer Eltern gekommen und wußte immer noch nicht, wer sie getötet hatte. Sie hatte ja gehofft, dies alles durch die Partei erfahren zu können. Der Haß war noch da, Rache nehmen konnte sie aber nicht.

Auch ihr Mann fing jetzt an, sich Fragen zu stellen. Beide planten, aus der Partei auszutreten. Ihr Mann ließ ihr eines Tages einen Brief zukommen mit der Bitte, sie solle mit den Kindern untertauchen. Aber dann dauerte es nicht mehr lange und Sarah's Mann wurde ermordet, nicht vom Militär, sondern von der eigenen Partei, für die auch er viele Jahre seines Lebens gegeben hatte.

Sarah nahm die Kinder und machte sich auf den Weg nach Cebu City. Dort liefen sie auf dem Marktplatz herum und wußten nicht, wohin sie gehen sollten. Ihre Mägen knurrten vor Hunger. Es war das allererste Mal in Sarah's Leben, daß sie nach Gott fragte und in einem Stoßgebet bat, er möge ihr und den Kindern helfen.

Plötzlich kam ihr der Name eines Vororts von Cebu City in den Sinn. Sie wußte, daß eine Schwester ihrer Pflegemutter dort sein müßte. So begab sie sich mit den Kindern dorthin, um die Frau zu suchen. Allerdings hatte diese inzwischen geheiratet. Sarah wußte aber nur ihren Vor- und Mädchennamen.

Dort angekommen, fragte sie verschiedene Leute, doch niemand konnte ihr helfen. Man schickte sie zur Polizei, um dort nachzufragen. Bei diesem Gedanken blieb Sarah beinahe das Herz stehen. Was, wenn man sie dort erkennen würde? Immerhin wurde sie vom Militär gesucht.

Wegen der hungernden Kinder entschloß sie sich, das Risiko einzugehen und ging zur Polizeistation. Der Polizist konnte ihr auch nicht helfen, fragte sie aber nach ihrem Namen und wo sie herkäme. Sarah wurde es ganz heiß. Was sollte sie ihm antworten? In der Vergangenheit hatte sie schon viele verschiedene Namen gebraucht. Sie sagte:»Ich heiße Marita Tolentino!« (Der Name wurde aus Sicherheitsgründen geändert).

»Oh, Tolentino? So heißt unser Bürgermeister. Geh doch zu ihm. Vielleicht kann er dir helfen.«

Und man brachte Sarah zum Bürgermeister. Dieser stellte ihr alle möglichen Fragen und wollte bis in Detail die Familienchronik ihres Mannes wissen. Sarah gab ihm Auskunft, so gut sie konnte und dann stellte sich tatsächlich heraus, daß ihr verstorbener Mann ein Neffe dieses Bürgermeisters war. Aber er erkannte auch gleich, wen er da vor sich hatte: Eine der berühmt-berüchtigten Amazonen der NPA. Jedoch auf Grund der Verwandtschaft und da er die Not von Sarah und den Kindern sah, unternahm er keine Schritte gegen sie, schlug ihr aber vor, sich dem Militär zu stellen. Das tat sie dann auch.

Jetzt kam eine schwierige Zeit für Sarah. Mit verbundenen Augen brachte man sie zu den verschiedenen Verantwortlichen des Militärs und stellte ihr tausend Fragen. Als man jedoch nach ihrer Akte suchte, war diese nicht mehr auffindbar und so kam es, daß Sarah freigesprochen wurde. Man hatte keinerlei Beweise gegen sie in der Hand. Man konnte ihr keine Aktivitäten bei der NPA anlasten.

Die Kinder ihrer Kameraden wurden in einem S.O.S.-Kinderheim untergebracht. Nur ihr eigenes Kind blieb bei ihr.

Auf Grund verschiedener Umstände wurde Sarah dann ein aktives Mitglied einer anti-kommunistischen Partei. Für diese Organisation wurde sie zur Radiosprecherin und bekam zu ihrem persönlichen Schutz eine sechs Mann starke Leibwache. Der Verantwortliche dieser Gruppe, ein Soldat, fing ernsthaft an, sich für Sarah zu interessieren und versuchte mehrere Male, sie davon zu überzeugen, seine Frau zu werden. Doch ihre Ablehnung dem Militär gegenüber war immer noch groß, wenn sie jetzt auch auf der anderen Seite stand. Sie war noch zu sehr von der Zeit geprägt, in der Soldaten ihre Feinde waren. So wehrte sie sich gegen jede Verbindung mit einem Soldaten.

Doch schließlich ließ sie sich von ihm überzeugen, allerdings half er dabei nach, indem er sie mit einer Pistole bedrohte. So wurde Sarah unter Zwang nun doch die Frau eines Soldaten. Als sie dann schwanger wurde, nahmen Abneigung und Haß bei ihr so überhand, daß sie mehrere Male versuchte, das Kind abzutreiben, was ihr aber nicht gelungen ist.

Immer wieder kam es zu Streitereien mit ihrem Mann, die oft erst dann endeten, wenn sie sich gegenseitig mit ihren Waffen bedrohten. Und obwohl Sarah noch immer zu dieser anti-kommunistischen Gruppe gehörte, fing sie wieder an, für die Gegenseite aktiv zu werden. Sie gründete erneut eine Rebellengruppe.

Von den Antikommunisten bekam sie den Auftrag, einen NPA-Kommandanten zu ermorden. Dies kam jedoch nicht mehr zustande.

Ihr Kind, das dann doch geboren wurde, war ein sogenanntes ›blaues Baby‹. Es litt immer wieder unter Krämpfen und die Ärzte gaben ihm keine großen Überlebenschancen.

Jetzt setzte sich Sarah vollends von den Antikommunisten ab und ging zu ihrer neuen NPA-Gruppe in den Untergrund. Ihr Mann unternahm alle möglichen Anstrengungen, sie ausfindig zu machen, doch ohne Erfolg. Sarah kannte alle Tricks und Schliche und verstand es immer wieder, ihm zu entkommen.

Eines Tages passierte es, daß ihr Mann einen Geschäftsmann erschoß. Daraufhin kam er ins Gefängnis. Soweit bekannt, soll dieser Geschäftsmann einem Syndikat angehört haben und dieses bezahlte Schmiergelder, damit Sarah's Mann ja nicht mehr aus dem Gefängnis herauskommen sollte. Aber im Gefängnis fand er jetzt zum lebendigen Glauben an Jesus Christus.

Sarah selbst bekam in der Zwischenzeit Kontakt zu jenem NPA-Kommandanten, den sie eigentlich hätte umbringen sollen. Dieser war genau zwei Jahre zuvor auch Christ geworden und hatte sich dem Militär gestellt, wurde aber, wie durch ein Wunder, begnadigt und freigesprochen. Er wurde jetzt zu einem Werkzeug Gottes, so daß auch Sarah eine persönliche Glaubensbeziehung zu Jesus Christus finden konnte.

Wie diese Begegnung mit Sarah und jenem ehemaligen Rebellen zustande kam, weiß ich nicht, aber ich durfte die daraus entstandene Frucht mit meinen eigenen Augen sehen. Mit weicher, leiser Stimme bestätigte Sarah, daß zu dem Zeitpunkt, als sie Jesus Christus um Vergebung für ihre Sünden bat, sie zum ersten Mal seit vielen, vielen Jahren wieder weinen konnte. Wörtlich sagte sie: »Gott hatte mein steinernes Herz herausgenommen und mir ein weiches Herz gegeben.«

Dies alles liegt zum Zeitpunkt, da ich den Bericht niederschreibe (November 1988) acht Monate zurück. In dieser kurzen Zeit hat sie gelernt, ihren Mann, den Soldaten, welchen sie gehaßt hatte, lieb zu gewinnen, und ein befreundeter Pastor segnete im Gefängnis erneut ihren Ehebund.

Zur Zeit besteht kaum die Aussicht, daß ihr Mann freigelassen wird. Aber es ist der Wunsch von beiden, Gott zu dienen – er im Gefängnis und sie in der Freiheit.

Sarah weiß, daß sie auch immer wieder in Gefahr geraten kann, von ehemaligen Kameraden ausfindig gemacht und getötet zu werden. Aber sie hat keine Angst. Nach alle dem, was sie in den etwas mehr als 30 Jahren ihres Lebens erfahren hat, hat sie nun endlich Frieden gefunden. Aus Rache und Haß ist Liebe geworden. Dafür ist sie sogar bereit, ihr Leben zu geben.

Sarah hat Gottes Größe erfahren, denn auch an ihrem zweiten Kind, dem ›blauen Baby‹ ist ein Wunder geschehen. Das Kind ist heute gesund und hat keine Krämpfe mehr, nachdem mit ihm gebetet wurde.

Tief beeindruckt sind wir nach der Begegnung mit Sarah nach Hause gefahren. Ich muß immer wieder an Sie denken. Nie werde ich das Bild vergessen, als wir gemeinsam, am Sonntagmorgen, im Gottesdienst waren und ich mit eigenen Augen sehen durfte, wie Sarah Gott lobte und ihm die Ehre gab.

Auch werde ich den Moment nicht vergessen, als wir einander in die Arme nahmen und uns fest drückten. Dabei bat sie mich, im Gebet an sie zu denken. Dieses Erlebnis hat mich stark beeindruckt. Es ist mein Wunsch und Gebet, daß jeder, der diese Lebensgeschichte liest, angesprochen wird und sich selbst die Frage stellt, ob er schon Frieden mit Gott gefunden hat.

UNSERE FAHRT NACH MOKABOK

Von Peter Assmus

Thule heißt die sagenhafte Insel des Nordens. Und Sansibar nennt man die historisch bekannte Insel vor der Küste von Tansania. Wo finden wir aber Mokabok? Auch hinter diesem Namen verbirgt sich eine Insel. Eine ganz kleine. Wohl eine der kleinsten unter den 7.100 Inseln der Philippinen. Und gerade diese wollten wir besuchen.

Zuvor wollten wir aber noch einige andere kleine Inseln ansteuern, auf denen in den letzten drei Jahren christliche Gemeinden im Rahmen unserer Mission gegründet wurden.

Alle diese Inseln befinden sich in einem Meeresabschnitt des philippinischen Archipels, der von den großen Inseln Cebu, Bohol, Leyte und nördlich von der Inselgruppe der Camotes eingerahmt ist.

Als wir unser Missionsboot ›Göttingen‹ im Frühjahr 1989 in den Dienst stellten, waren es gerade die vielen kleinen Inseln im zuvor genannten Gebiet, die wir uns als Missionsanliegen vornehmen wollten. Inzwischen gibt es mehrere Gemeinden in dieser kleinen Inselwelt.

Daß unser Missionsboot den Namen der Stadt Göttingen trägt kommt ganz einfach daher, weil die dortige ›Christengemeinde Ecclesia‹ uns den Kauf des Schiffes durch eine großzügige Geldspende ermöglicht hatte. Genau genommen war es schon die ›Göttingen 2‹, denn Jahre zuvor hatte dieselbe Gemeinde schon einmal ein Boot gestiftet. (Heute, seit 1995, kreuzt sogar schon eine ›Göttingen 3‹ die Gewässer in dieser Gegend).

Die ›Göttingen‹ ist ein Auslegerboot in der Art, wie sie in der Südsee verwendet werden. Der Bootskörper ist relativ schmal. Die Wasserlage wird durch die weit ausgreifenden Ausleger stabilisiert. Unser Boot hat einen 165 PS-Motor, ist etwa 20 Meter lang, kann 30 bis 40 Personen transportieren und erreicht eine Geschwindigkeit zwischen 25 und 30 km die Stunde. Bei ruhiger See ist die Fahrt ein Genuß, bei rauher See eine recht feuchte Angelegenheit.

Wir warteten in Cebu City auf das Startsignal. ›Wir‹ heißt, daß außer mir die Brüder Ulrich Himmen, Harad von Tottleben und das Missionsehepaar Randolf und Britta Wetzel mit von der Partie waren. Gabriel, unser Kapitän wollte uns benachrichtigen, wenn die Flut hoch genug war, um das Boot vom Anliegeplatz ins Wasser gleiten zu lassen.

Nun, der Anruf kam und wir fuhren gemeinsam zur Mactan-Brücke, welche die Stadt Cebu City mit der Insel Mactan verbindet, auf der sich übrigens auch der Flughafen von Cebu City befindet. (Seit 1996 ist dort auch unser Missionshaus mit Verwaltung, sowie ein großes Projekt im Bau, in dem ein Kinderheim und andere zweckmäßige Räumlichkeiten untergebracht sein werden). Unser Boot liegt fast unter der Brücke vor Anker, wenn es sich nicht im Einsatz befindet.

Dieser Liegeplatz hatte schon schicksalhafte Bedeutung, als vor zwei Jahren ein verheerender Taifun über die Inseln brauste, der auch der Stadt und Insel Cebu schwer zusetzte. Unser Boot lag zwischen zwei großen Schiffen. Das eine wurde gegen die Brücke geschleudert, so daß diese für Wochen nicht mehr benutzt werden konnte, und das andere geriet auf den Strand. Und gerade zwischen diesen Schiffen lag unsere ›Göttingen‹ sozusagen im Windschatten und blieb unbeschädigt. Später fanden wir einen Zeitungsartikel mit Foto, auf dem genau unsere unbeschädigte ›Göttingen‹ vor einem der gestrandeten Ozeanriesen zu sehen ist.

Auch für militärische Zwecke wäre unser Schifflein fast mißbraucht worden. Es gab einen Aufstand rebellierender Soldaten. Sie besetzten den Flughafen und die Insel Mactan; blockierten die Brücke und schickten sich an, die Stadt Cebu anzugreifen, die von regierungstreuen Truppen besetzt war. Da unser Boot auf der Rebellenseite lag, installierten diese ein Maschinengewehr auf ihm, mit Blick auf Cebu City. Nicht auszudenken, wenn es wirklich zu einer Schießerei gekommen wäre. Was der Sturm zuvor verschonte, das hätten dann wohl die Granaten fertiggebracht. Aber mit Gottes Hilfe wurde der Streit friedlich beigelegt und das

135

Maschinengewehr wieder aus seiner friedlichen Umgebung herausgenommen. Die ›Göttingen‹ soll ja kein Sturmboot der Marine sein, sondern ein Evangeliumsboot, das die gute Nachricht vom Reich Gottes zu den Menschen bringt.

Am Anliegeplatz angekommen, stellten wir fest, daß außer Gabriel dem Kapitän, auch Pastor Edgar Bantigue, sowie Arong und Piet, zwei philippinische Helfer, gekommen waren. Auch hatten sie für allen nötigen Proviant gesorgt, den wir auf dieser Fahrt gut gebrauchen konnten.

Der Anker wurde gelichtet. Die Flut hatte genug Wasser unter den Kiel gebracht. Nun ging die Fahrt los. Zunächst durch die Meerenge zwischen Cebu und Mactan und dann auf die offene See in Richtung Camote-Inseln.

Es war ein herrlicher Tag, ein Sonntag übrigens, und ein wahrer Sonnentag dazu. Durch die Fahrtgeschwindigkeit und die gute Seeluft wurde die Hitze beträchtlich abgemildert, die in diesen Tagen bei etwa 33 Grad Celsius und sehr hoher Luftfeuchtigkeit lag.

Die See war ruhig. Eine fast glatte Wasserfläche, die uns ein schnelles Dahingleiten möglich machte. Jeder hing jetzt seinen Gedanken nach oder schaute den fliegenden Fischen zu, die da und dort, durch unser Boot aufgeschreckt, über die Wasseroberfläche schnellten.

Hin und wieder kamen wir an Sandbänken oder kleinen Inseln vorbei, die aber nicht unser Reiseziel waren. Nach etwa zwei Stunden kam die Insel Bilangbilangan in Sicht. Vielleicht 800 Meter lang und kaum 100 Meter breit, befinden sich auf ihr zwei kleine Dörfer, jeweils am oberen und am unteren Ende. Fast in der Mitte konnte man schon von weitem ein Blechdach ausmachen. Unsere kleine Inselkirche, die gerade einige Monate zuvor errichtet wurde.

Kokospalmen und andere Bäume gab es reichlich. Und wie ein Gürtel waren an verschiedenen Stellen um die Insel im seichten Meer Mangroven angepflanzt worden. Die später einmal hohen Bäume sollen der Insel mehr Schutz bieten, wenn Stürme kommen und in deren Begleitung hohe Wellen gegen den Strand schlagen.

Zur Insel hin wurde das Wasser seichter. Wir mußten etwa 500 Meter vor dem Strand vor Anker gehen. Zwei kleine Auslegerboote lösten sich plötzlich vom Strand und kamen herüber, um uns abzuholen. Wir balancierten ein wenig unbeholfen in diese hinein – wir Europäer. Unsere philippinischen Freunde schafften es viel behender. Und dann wurden wir zum Strand gerudert, den wir allerdings mit diesen kleinen Fischerbooten, wohl weil Ebbe herrschte, auch nicht ganz erreichten. Etwa 50 Meter weit mußten wir schon noch durch das seichte, aber völlig klare Wasser waten, in dem es erstaunlich viel Leben gab.

Da wir weniger eine Missionsreise, sondern eine Inspektionsreise unternahmen, hielten wir uns nicht sehr lange auf Bilangbilangan auf. Wir gingen zuerst zur kleinen Inselkirche und anschließend durch das Dörfchen, in dem sich die meisten unserer Glaubensgeschwister befinden. Sie empfingen uns mit großer Freude. Ständig von einer Kinderschar umringt, machten wir unseren Rundgang mitten durch die kleinen Hütten und Häuser hindurch.

Sicher ist es manchem Leser schon wie mir ergangen, wenn man vieles um die Ohren hatte und dann sagte: »Am liebsten wäre ich auf einer kleinen Insel mit schönen Palmen. Dann bräuchte ich mich nicht mehr zu ärgern und hätte mal endlich meine Ruhe!« Aber bei dem Gedanken, auf dieser kleinen Insel Bilangbilangan bleiben zu müssen, wurde es mir doch etwas bange. Als Europäer hält man es ein paar Tage aus, aber kaum länger.

Wir mußten weiter. Die kleinen Fischerboote brachten uns wieder auf die ›Göttingen‹ zurück, die friedlich im Wasser lag. Der Anker wurde gelichtet und schon ging es weiter. Das nächste Ziel war die Insel Dawahon. Schon bald kam sie in unser Blickfeld. Sie ist ein bißchen größer als Bilangbilangan.

Schon von weitem stellten wir fest, das Dawahon schier überbevölkert ist. Nur ganz wenige Bäume waren zu sehen, dafür schien die ganze Insel nur aus Häusern und Hütten zu bestehen. Dicht gedrängt, bis an den Strand, waren die Behausungen angelegt. Man sagte uns, daß nahezu 3.000 Menschen auf diesem kleinen Raum zusammenleben müssen.

Mit großer Freude wurden wir von den Gläubigen erwartet und aufgenommen. Sie hatten bald unser Boot vor der Insel liegen sehen und ein kleineres Boot entgegengeschickt, um uns abzuholen.

Im Gebäude der Inselgemeinde waren schnell wieder viele Kinder zusammen gekommen. So sangen wir gemeinsam den

Chorus« »Dies ist der Tag, den der HErr gemacht.« Wir in Deutsch, sie in Englisch oder Cebuano.

Bereits neigte sich der Tag und die Sonne, die hier immer gegen 18 Uhr untergeht, stand schon sehr tief. Jetzt mußten wir eine Entscheidung treffen. Die dritte Insel, Gawos, konnten wir nicht mehr besuchen. Wir mußten entweder die Einladung der Christen von Dawahon annehmen und die Nacht über bleiben, oder wir versuchten, durch die Nacht hindurch Mokabok, unser letztes Ziel zu erreichen.

Pastor Edgar versicherte uns, daß es für unsere erfahrenen Seeleute kein Problem wäre, nachts auf dem Meer zu reisen. Dies würden sie des öfteren machen. So entschieden wir uns, im Blick auf die sehr gedrängten Verhältnisse auf Dawahon, die Nachtfahrt zu riskieren.

Ein wenig enttäuscht winkten uns die Gemeindeglieder nach, als wir zu unserem Boot hinausgebracht wurden. Dann wurde der Anker hochgezogen und die Fahrt ging los, zunächst der untergehenden Sonne nach.

Der weiteste Weg unserer Seefahrt lag nun vor uns. Mindestens 80 km waren zu bewältigen. Bei einer Nachtfahrt mußten vier Stunden eingeplant werden. Prompt 18 Uhr versank die Sonne hinter den hohen Bergen von Cebu. Diese große Insel war seitlich in etwa 25 km Entfernung gut zu sehen.

Die Nacht brach herein. Doch die ›Göttingen‹ nahm unbeirrt ihren Weg. Über uns kamen immer mehr Sterne zum Vorschein. Keine Wolken, ein klarer Himmel. Auch nahm kein Mondlicht etwas von der Sternenpracht hinweg. Der Himmel wölbte sich über uns mit Tausenden von Lichtern.

Wir sahen keinen Kompaß auf dem Boot, was uns verleitete, nach den Wegweisern zu fragen, nach denen sich unsere Freunde richteten. »Bei klarem Himmel sind es die Sterne,« sagte Gabriel. »Und wenn keine Sterne zu sehen sind?« wollte ich wissen. »Dann richten wir uns nach den Wellen und nach dem Wind.« Das mag verstehen, wer will. Wir vertrauten unseren Freunden, die durch die Wellen dahinbrausten, ohne einen Zweifel daran zu haben das Ziel bei Nacht zu erreichen.

Aber ganz so einfach war die Sache dann doch nicht. Sie hatten uns verschwiegen, daß es gefährliche Untiefen gab. Sie wußten in etwa, wo diese zu erwarten waren. So beobachteten sie im Sternenlicht und im Schein von Taschenlampen dann auch die Wasseroberfläche. Und da geschah es plötzlich! Es knirschte unter dem Kiel. Die Schraube wirbelte Grund auf. Schnell wurde der Motor abgeschaltet. Wir saßen auf einem Riff fest, mitten im Meer, und weit und breit keine Insel zu erkennen. Auf einmal war es ganz still. Die ›Göttingen‹ schaukelte ruhig auf den Wellen. Wie wird es jetzt weitergehen? Nur gut, daß die See friedlich war und wir keine Schlechtwetterfront zu befürchten hatten.

Jetzt nahmen unsere Freunde lange Bambusstangen. Und während sie das Boot rhythmisch hin und her bewegten, drückten sie es mit den Stangen seitwärts wo sie etwas tieferes Wasser vermuteten. Im Schein der Taschenlampen konnte man den Grund sehen. Das Wasser war ganz klar. Fische huschten vorüber. Und tatsächlich, wir bekamen wieder mehr Wasser unter den Kiel. Es dauerte noch eine Weile, dann konnte der Motor wieder anspringen und die Fahrt ging, für uns allerdings mit gemischten Gefühlen, weiter.

»Was wäre geschehen, wenn die Schraube durch einen großen Stein beschädigt worden wäre?« wollten wir wissen. »Wir haben immer eine Ersatzschraube dabei. Wir hätten dann allerdings warten müssen, bis es wieder Tag geworden wäre,« war die lakonische Antwort.

Überall waren helle Lichter auf dem Wasser zu sehen. Manche näher zu uns, viele in weiterer Entfernung. Wo kamen denn auf einmal alle diese ›Inseln‹ her? Dazu noch so gut beleuchtet? Und da erinnerte ich mich plötzlich an das altbekannte Lied: »Wenn bei Capri die rote Sonne ins Meer versinkt.« Da heißt es doch im weiteren Verlauf des Textes: »... dann ziehn die Fischer mit ihren Booten aufs Meer hinaus und sie legen in weiten Bogen die Netze aus.« Ja, und so war es denn auch. Hunderte von Fischerbooten waren in weiter Runde zu erkennen, besser gesagt: Man sah ihre Lampen, mit denen sie die Fische anlockten.

Der Fischfang geschieht also größtenteils in der Nacht. Hatte nicht auch Petrus einmal dem Herrn Jesus geantwortet: »Herr, wir haben die ganze Nacht gefischt und doch nichts gefangen!?«

Auf einmal knirschte es wieder unter unserem Kiel. Kurze Aufregung unserer Freunde. Der Motor wurde abgeschaltet. Wieder saßen wir auf einem Riff fest. Na, das kann ja heiter werden. Da wir Licht hatten, konnten wir auch von den Fischerbooten gesehen werden. Einige waren näher herangekommen. Jetzt rief Pastor Edgar einem Fischer etwas in der Cebuanosprache zu, was wir nicht verstehen konnten. Es ging hin und her.

Und da fiel auch öfters der Name Mokabok. Aha, dachten wir, jetzt fragt er den Fischer, mitten auf dem Meer, in der Nacht unter freiem Sternenhimmel, mindestens noch 30 km von unserem Ziel entfernt, ob wir auf dem richtigen Weg nach Mokabok sind. Ob wir diese Insel jemals noch erreichen würden? -

Wir schlingerten weiter. Kamen wieder in tieferes Wasser. Der Motor wurde angeschaltet. Die Fahrt ging weiter. Nach einer Weile sogar im höchsten Tempo. Vier kleine Lichter waren auf einmal vor uns zu erkennen, anders wie die Lampen der Fischerboote. Weit schwächer als diese. Direkt vor uns erschien die Silhouette einer kleinen Insel. Der Motor wurde gedrosselt. Und da riefen sie auch schon: »Mokabok!« Alle Achtung! Wir hatten unser Ziel erreicht. Nach mehr als 80 km durch die Nacht, an vielen kleinen Inseln vorbei, nachdem wir zweimal auf einem Riff festsaßen und mehr als vier Stunden Fahrtzeit: Preis Gott, wir waren am Ziel.

Mokabok ist wohl die kleinste Insel, die ich jemals betreten habe. Auch hier gibt es an einem Ende ein ganz kleines Fischerdorf. Am anderen Ende auf einer mit Kokospalmen bestandenen Sandbank ein relativ schönes Haus, das der Besitzer an Gäste vermietet, die mal etwas Ausspannen wollen. Es ähnelt ein bißchen der arabischen Bauweise. Hohe Räume mit Innensäulen. Mit Holzgittern versehene, ansonsten offene Fenster. Eidechsen huschen über die Wände und am Tag flattern sogar die allgegenwärtigen Sperlinge, die einzig wirklichen Weltbürger, die überall auf unserem Globus anzutreffen sind, durch die Räume.

Die Flut war hoch genug. Wir konnten bis zum Strand fahren und trockenen Fußes über unsere Bootsleiter auf den Sand springen. Unser Hab und Gut wurde ebenfalls gelandet und zum Haus gebracht, dazu zwei große Fische, die wir unterwegs geschenkt bekamen.

Es dauerte gar nicht lange, da waren diese auch schon gebraten und wurden mit Reis und einer wohlschmeckenden Essigtunke serviert. Wir fühlten uns wohl und geborgen und saßen dann noch einige Zeit beieinander. Die Palmwedel rauschten leise über unseren Köpfen. In kaum 20 Metern Entfernung plätscherten die Wellen an den Strand und die Zikaden geigten ihre Weisen herunter. Und wie man es nehmen will: Es war nach der Tageshitze ›angenehm kühl‹ oder ›wohltuend warm‹. Danach beglückte uns ein ruhiger Schlaf.

Als es morgens um 6 Uhr wieder hell wurde, war ich bereits auf den Beinen. Die anderen schliefen noch. Ich machte mich fertig, wusch mich bei den vorherrschenden Süßwasserverhältnissen mehr schlecht als recht. Dann ging ich ein bißchen den weißen Sandstrand entlang. Ein herrlicher Morgen. Mokabok ist noch um vieles kleiner als Bilangbilangan. Vielleicht ganze 500 Meter lang und kaum mehr als 80 Meter breit. Dazu kommt eine wunderschöne, kleine Sandbank.

Während auf der einen Seite die Wellen an den Strand spülen, ist es auf der anderen fast ruhig. Das Wasser ist dort nicht tief. Man kann baden und vor allem die vielen kleinen Fische beobachten, die zu hunderten in kleinen Schwärmen dahinhuschen. Viele kommen bis unmittelbar an den Strand heran. Man kann auch Muscheln und Korallenstücke sammeln. Kleine Krebse eilen über den Sand, verschwinden in ihren Löchern oder flitzen geradezu ins Meer. Bei den sehr kleinen Ameisen, die es hier gibt, fällt uns auf, daß sie längere Beine haben als bei uns in der Heimat. Vielleicht hängt dies mit dem Sand zusammen, durch den sie hier staksen müssen.

Später nutzten wir den Vormittag in unterschiedlicher Weise. Die einen wollten noch im warmen Meerwasser baden, die anderen saßen im Schatten beieinander. So hatte auch ich reichlich Gelegenheit auf Mokabok, nach allem vorhergegangenen Reisestreß, mit Pastor Edgar Bantigue und den anderen Brüdern zu sprechen und wichtige Missionsinformationen auszutauschen.

Von Mokabok nach Cebu City sind es dann nur noch etwa 25 km. Man konnte die Stadt sehr gut in der Ferne sehen. Am frühen Nachmittag machten wir uns dann wieder auf den Weg, besser gesagt: ›auf den Wasserweg‹ und strebten der Stadt zu. Was für ein Unterschied zwischen dem sauberen Strand von Mokabok und dem schmutzigen Hafen von Cebu City, in den wir einfuhren und dort an Land gingen. Die laute Großstadt hatte uns wieder.

Schnell versuchten wir der Hitze zu entkommen und fuhren mit dem Taxi zum Missionshaus. Dort gab es auch wieder reichlich Wasser zum Duschen. Ein wichtiges Fazit unserer Inselfahrt ist die Tatsache, daß wir unsere philippinischen Brüder besser verstehen können.

Es liest sich so schön und abenteuerlich, wenn von ihren Missionsunternehmungen geschrieben wird. Aber was für ein Einsatz und welche Gefahren sind damit verbunden. In Stürmen, bei rauher See, in den Bergen, in den Urwäldern, bei kärglichem Essen, von Schlangen bedroht und Moskitos geplagt, in Hitze und dem allgegenwärtigen Staub. Und dies alles, um die Botschaft von Jesus Christus den Menschen zu bringen. Sagte er doch zu seinen Jüngern: »Gehet hin in alle Welt und verkündigt Gottes Reich allen Menschen!«

*Die »Göttingen« wird für die Ausfahrt vorbereitet und mit Proviant beladen.
Im Hintergrund die Mactan-Brücke bei Cebu City.*

*Hier, im Heck des Bootes von links: Ernst-Ulrich Himmen, Harald v. Tottleben
und dahinter Peter Assmus und Britta Wetzel.*

Einige hundert Meter vor der Insel Bilangbilangan mußte die Göttingen vor Anker gehen.

Mit kleinen Booten werden wir zur Insel gebracht. Hier in der Bildmitte Peter Assmus und Randolf Wetzel.

Rundgang durch eines der beiden Inseldörfer.

In der Mitte der Insel Bilangbilangan, zwischen den beiden Dörfern, die kleine Kirche.

Dichtgedrängt stehen die Wohnhütten auf der Insel Dawahon.

Inselbewohner von Dawahon.

146

Willkommen in der Gemeinde Dawahon. Von links: Tottleben, Wetzel und Assmus. Die Hüte waren ein notwendiger Sonnenschutz.

Die Kinder der Gemeinde sangen für uns fröhliche Lieder.

Nach aufregender Fahrt endlich in der Nacht auf der Insel Mokabok.

Hier sieht es aus wie in einem Seeräuberschloß. Abgesehen davon, auf Moka-bok wurde auch schon nach Gold geschürft – ohne Erfolg.

Inselkinder fingen einen Tintenfisch.

Picknick am Strand von Mokabok.

Tags darauf wird die Göttingen wieder startklar gemacht; es geht zurück nach Cebu Cuty.

Langsam entschwindet die kleine Insel Mokabok unseren Blicken.

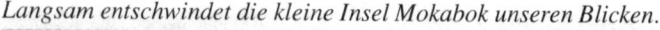

NEUES LEBEN AUF DEN KLEINEN INSELN

Von Peter Assmus

Mokabok heißt die kleinste Insel, auf der wir im Rahmen unserer Insel-Mission zuletzt eine Gemeinde gegründet haben. Sie ist kaum größer als ein Fußballfeld. Lediglich bei Ebbe wirkt sie etwa doppelt so groß, weil dann ein wunderbarer, weißer Sandstrand zum Vorschein kommt.

Auf dieser kleinen Insel herrscht reges Leben. Auf der einen Hälfte dieses ›Fußballplatzes‹ befindet sich ein Fischerdorf. Die kleinen, einfachen Hütten dichtgedrängt. Dazwischen einige Kokospalmen, kaum mehr als in Jericho, der Palmenstadt. In der Bibel heißt es, daß es da 70 Palmen gegeben habe.

Vierhundert bis fünfhundert Menschen bevölkern dieses kleine Eiland. Die meisten von ihnen sind Kinder und Jugendliche. Man lebt ausschließlich vom Fischfang. Nachts ziehen die kleinen Fischerboote hinaus. Man fischt mit Hilfe des Lichtes strahlender Lampen, welches die Fische anlockt. Also, Fisch gibt es genug. Alles andere, wie z.B. Reis, der die Hauptnahrung bildet, muß eingekauft werden. Dann also Fisch gegen Reis.

Mokabok liegt zwischen den großen Inseln Cebu und Bohol, gehört verwaltungsmäßig zu Bohol. Man braucht mit unserem Evangeliumsboot von Cebu City aus etwa eine Stunde, um hinzukommen. Von der Insel aus kann man in der Ferne die großen Gebäude der Stadt ausmachen. Cebu City liegt am Fuß recht hoher Berge.

Mokabok ist eine uns sehr bekannte Insel. Man kann dort auch mal eins, zwei Tage bleiben, um sich auszuruhen. Es gibt ein Gästehaus, das, an dem Dorf gegenüber liegenden Ende, ein reicher Filippino errichtet hat. Man kann das Haus mieten. Es wurde im Rahmen eines solchen Besuchs vor einigen Jahren auch schon mal eine Evangelisation gehalten, dabei wurden von Britta Wetzel, die von Beruf Krankenschwester ist, kranke und verletzte Menschen behandelt.

Jetzt wurde die Insel fest ins evangelistische Programm mit einbezogen. Seit knapp einem Jahr gibt es eine kleine Gemeinde und seit Anfang 1997 ist ein junges Pastoren-Ehepaar dort stationiert. Man könnte meinen, auf ›verlorenem Posten‹. Nur um der Menschen Willen ist es dort für längere Zeit auszuhalten. Wer nicht da geboren wurde, tut sich schwer, auf der Insel zu wohnen. Man braucht kaum eine Minute, um die Insel in ihrer Breite zu durchschreiten. Der Länge nach allerhöchstens fünf Minuten. Und dabei kann man ganz gemächlich gehen.

Es herrscht große Freude, wenn von Zeit zu Zeit unser Evangeliumsboot ›Göttingen‹ anlegt. Schnell sind die Gläubigen versammelt, die ohnehin jeden Abend zum Gebet und Bibelstudium zusammenkommen. Wir sind sehr dankbar dafür, daß wir uns von Gott bewegen ließen, solche kleinen Inseln mit auf unser Missionsprogramm zu nehmen. Die Menschen sind hier zwar nominell katholisch, aber niemand kümmert sich um sie. Und doch gehören sie ›zu den fernen Inseln‹, von denen der Prophet spricht, die auch die Botschaft von Jesus hören müssen.

In der Nähe von Mokabok gibt es noch andere kleine Inseln, die, sofern es keine Christengemeinden anderer Missionen dort gibt, von unserem Evangeliums-Team ebenfalls erreicht werden sollen. Unsere Brüder haben sich ein spezielles Programm vorgenommen, nach dem sie vorzugehen gedenken.

Die andere Inselgruppe, wo bereits eine ganze Reihe von Gemeinden gegründet werden konnten, liegt nördlich von der Insel Bohol zwischen Cebu und Leyte. Auch dort gibt es noch genügend Arbeit zu tun.

Die erste Insel, die wir mit dem Evangeliumsboot erreichten und eine Gemeinde beginnen konnten war Dawahon. Nachdem sich die ersten Menschen bekehrt hatten und der Anfang für eine Gemeinde gemacht werden konnte, kam es bereits zu Anfeindungen. Andere Inselbewohner verspotteten die Christen oder versuchten, sie unter Druck zu setzen. Dies erlebte dann auch Missionar Klaus Püplichhuisen hautnah, als er dort zu predigen hatte. Die gottesdienstliche Versammlung geriet zwischen zwei Lärmquellen.

Auf der einen Seite befand sich eine katholische Kirche, deren Lautsprecher überlaut eingestellt waren. Auf der anderen Seite des Platzes, etwa 10 Meter entfernt, drehte ein Mann seine Stereoanlage auf und versuchte so, die Predigt von Bruder Klaus zu stören. Der aber ließ sich nicht beirren und predigte mit Kühnheit das Evangelium. Auch scheute er sich nicht, über Götzendienst und Aberglaubens zu sprechen, Dinge, die ja ganz gegen Gottes Wort stehen, aber auf den Inseln stark praktiziert werden. Trotz all der Störversuche haben auch bei dieser Gelegenheit viele Menschen die Botschaft verstanden und sich sehr zu Herzen genommen.

Dawahon hat etwa 3.000 Bewohner, die auf engstem Raum zusammenleben. So bleiben Spannungen zwischen den Christen und den anderen Mitbewohnern nicht aus. Es flogen auch Steine und mancher wurde dabei verletzt. Dennoch ist die Gemeinde an Zahl angewachsen.

Gott wirkt auf diesen Inseln in macherlei Weise. Als unser Boot mit einem australisch-neuseeländischen Team nach Dawahon kam, erfuhren sie, daß es nach einem Sturm schon sechs Wochen lang nicht mehr geregnet hatte. Trinkwasser kostete mittlerweile fast das Vierfache als üblich. Das Wasser mußte von einer anderen Insel herbeigeholt werden. Am Abend dann, während der ersten öffentlichen Veranstaltung hatte Pastor Gabriel den ganz starken Eindruck, in besonderer Weise um Regen zu beten, was er auch laut und mit aller Inbrunst tat. Gegen 3 Uhr morgens fing es an zu regnen. Bis etwa 9 Uhr waren alle verfügbaren Behälter und Tonnen aufgefüllt. Die Inserbewohner waren erstaunt und sagten: »Diese Leute haben wirklich eine enge Verbindung mit Gott.« Daraufhin wurden einige sehr nachdenklich, die zuvor noch kräftig über die neuen Christen auf der Insel gespottet hatten. Später erfuhren wir, daß, nachdem das Team die Insel verlassen hatte, es wieder für weitere vier Wochen keinen Regen gab.

Danach war ein koreanisches Team mit auf den beiden Inseln Dawahon und Gawos. Anschließend hatte Pastor Gabriel seinen regulären, monatlichen Einsatz und wurde diesmal von zwei jungen Männern aus Deutschland begleitet, welche die Inselarbeit kennenlernen wollten. Sie konnten Bibelstunden und Kinderstunden halten und einen Taufgottesdienst mit 27 Täuflingen miterleben. 17 kamen von Dawahon und 10 von Gawos. Natürlich fand die Taufe im Meer statt. Während dieser Veranstaltungen meldeten sich weitere 14 Personen für einen nächsten Taufgottesdienst an. So wächst die Arbeit auf den Inseln beständig und Gott erweist sich in wunderbarer Weise.

Einmal berichtete Pastor Gabriel folgende Geschichte:

»Bei einem unserer ersten Besuche auf der Insel Gawos hörten wir von einer aussätzigen Frau, die ganz alleine in einem kleinen Häuschen lebte. Sie war noch keine 30 Jahre alt und von ihrem Mann auf der Insel Gawos zurückgelassen worden, zusammen mit ihrer kleinen Tochter. Der Grund war eine häßliche Allergie am ganzen Körper. Ihre Haut wurde ganz dunkel; und besonders unerträglich war für sie der starke Juckreiz. Die Haut platzte auf. Hatte sie ein Bad genommen, wurde ihr ganzer Körper heiß, so daß sie sich nicht mehr richtig waschen konnte. Alle Inselbewohner hatten Angst, daß sie an Lepra oder einer anderen ansteckenden Krankheit leiden würde; und so mußte sie abgeschirmt von allen anderen leben. Sie war sehr einsam. Nur ihr Bruder traute sich, auf ein paar Minuten heranzukommen, um ihr mit einem Stock das Essen hinzuschieben.

Während einer evangelistischen Veranstaltung erzählten uns ihre Nachbarn von ihrer Not und fragten, ob wir nicht auch für sie beten wollten. So gingen wir einfach in ihr Häuschen und beteten mit ihr. Danach verspürte sie, wie ihre ganze Haut sehr warm wurde. Daraufhin beteten wir noch einmal und sagten zu ihr anschließend, daß, wenn immer Scherzen auftreten sollten, sie einfach dem HErrn ihren Dank ausdrücken soll, daß er sie heilen wird. Die Leute sahen unsere Liebe für diese Frau, von der sich bisher jeder ferngehalten hatte. Sie waren davon überzeugt, daß wir mit guten Absichten auf die Insel gekommen waren und konnten dann mit eigenen Augen sehen, daß Gott diese Frau heilte, denn schon bald nach dem Gebet konnte sie sich zum ersten Mal wieder von Kopf bis Fuß baden ohne nachfolgende Schmerzen, ohne Juckreiz und ohne daß die Haut erneut aufgeplatzt wäre. – Die Kraft Jesu ist immer noch wirksam, genau so wie vor fast 2.000 Jahren, als er auf der Erde war und den Menschen diente und sie heilte.«

Mittlerweile ist es auch auf der Insel Dawahon ruhiger geworden und die Verfolgungen haben aufgehört. Die Verfolger konnten unter Kontrolle gebracht werden. Inzwischen bekamen sie es doch mit der Angst zu tun. Nachdem der Bürgermeister und auch der zuständige Polizeichef angeschrieben wurden, fuhr der Polizeibeamte auf die Insel und hielt eine Dorfversammlung ab. Er klärte die Bevölkerung darüber auf, daß die Christen auf Grund der Verfassung die gleichen Menschenrechte genießen, wie jeder andere auch.

Der letzte, schwere Schlag gegen die Verfolger kam danach jedoch durch ein souveränes Eingreifen Gottes, als einer der schlimmsten Feinde durch einen Blitzschlag mitten auf die Stirn getroffen wurde. Dies hatte die ganze Bewohnerschaft der Insel erschüttert.

Über die Missionsarbeit auf den kleinen Inseln gäbe es noch viel zu sagen. Jedenfalls ist die Missionsleitung in Deutschland und auf den Philippinen sehr daran interessiert, daß diese Arbeit fortgeführt und wenn möglich ausgedehnt werden kann.

Pastor Edgar Bantigue, der Leiter unserer philippinischen Mission, trägt sich mit dem Gedanken, auf einer dieser Inseln speziell für dieses Gebiet ein Bibel-Trainings-Zentrum zu errichten. Es wäre gut, wenn auch hier junge Menschen von diesen kleinen Inseln für den Evangeliumsdienst vorbereitet würden, um ihren eigenen Leuten die Botschaft von Jesus zu bringen. Ihnen fällt es dann auch leichter, unter den gegebenen Verhältnissen leben zu können.

Im März 1997 machte die erste Schülerin von diesen Inseln ihren Bibelschulabschluß. Zwei Jahre lang wurde sie auf Samar unterrichtet und ging danach zurück auf ihre Heimatinsel Bilangbilangan, die sich unweit der Insel Dawahon befindet. Diese Insel ist um einiges größer als Mokabok. Sie hat zwei Dörfer und zwischen diesen bereits eine kleine, schöne Inselkirche.

Der Kapitän unseres Göttingen-Bootes ist seit einiger Zeit Bruder Arong. Er ist ein erfahrener Seefahrer geworden. Pastor Gabriel Bantigue, der Bruder von Edgar Bantigue ist in erster Linie Insel-Evangelist. Zuvor war er der Kapitän des Schiffes. Jetzt kann er sich ganz auf den geistlichen Dienst konzentrieren. Bruder Gabriel ist ein lieber Mann mit einem brennenden Herzen für die Missionsarbeit.

Dies ist die »Göttingen 1«, die in den 70er Jahren von Missionar Dankfried Spindler in Einsatz gebracht wurde.

Damals waren auch mehrere kleine Boote im ständigen Einsatz.

Ab Januar 1989 gab es dann die »Göttingen 2«. Jetzt wurden wieder neue Gemeinden auf den kleinen Inseln gegründet.

Ab 1994 ist es dann die »Göttingen 3«, welche bis heute die Evangeliums-Teams zu den Inseln bringt.

Verkündigung des Evangeliums auf dem Dorfplatz von Dawahon.

Gottesdienst in einer Inselkirche.

Hier werden 17 Personen von der Insel Dawahon und 10 von der Insel Gawos getauft.

Noch eine Taufe auf den Inseln. Im Hintergrund die »Göttingen 3«.

Britta Wetzel ist Krankenschwester, sie leistet hier »erste Hilfe«.

Ein total vernachlässigtes und unterernährtes Kind weitab auf einer Insel, für das jede Hilfe zu spät kam.

Kindergottesdienst bei einem Inseleinsatz.

Dawahon: Im November 1990 verwüstete ein schwerer Taifun die kleinen Inseln in diesem Gebiet.

Gawos: Hier wurde unsere Inselkirche total zerstört.

162

Wer Kokosnüsse ernten will, muß hoch hinauf.

DAS MASSAKER VON BULUAN

Von Pastor Alger Salado

Ich bekam ein Telegramm mit der Bitte, zu einer wichtigen Besprechung nach Cebu City zu kommen. Dies ist immer eine lange und anstrengende Reise. Ich plante sie für Montag, den 13. Dezember 1993, und zwar mit dem Bus nach Davao, dann weiter nach Butuan und von dort mit dem Schiff nach Cebu.

Da aber ein anderer Pastor mich gebeten hatte, sonntags abends noch in seiner Gemeinde in Isulan zu predigen, das ist im Sultanat Kudarat, änderte ich meine Reiseroute. Auch sagte dieser Pastor, daß die Strecke von Isulan nach Davao kürzer und billiger wäre. Ich stimmte zu. Was ich aber nicht wußte war, daß diese Strecke nicht ungefährlich ist und man sie deshalb besser meiden sollte.

Gewöhnlich nehme ich einen meiner kleinen Buben mit, wenn

Pastor Alger Salado mit Familie.

164

ich reise, doch diesmal hatte ich den Eindruck, ich sollte es nicht tun. So predigte ich am Sonntagabend in Isulan und ich erinnere mich noch sehr genau daran, daß ich die Christen dort in besonderer Weise aufforderte zu versuchen, die Moslems im Sultanat Kudarat mit dem Evangelium zu erreichen.

Am anderen Morgen nahm ich dann früh den Bus nach Davao. Ich war der letzte Passagier, der einstieg und setzte mich auf die hintere Sitzbank. Schon bald merkte ich, daß sich einige der Mitreisenden in einer anderen Sprache unterhielten, nämlich in Maranao, eine der Moslemsprachen auf den Philippinen. Verstehen konnte ich davon nicht viel. Nach etwa einer Stunde Fahrt hielten wir kurz in Buluan. Viele junge Studenten stiegen ein. Die Reise ging dann weiter.

Nach etwa zehn Minuten kamen wir an eine Steigung. Hier mußte der Bus sehr langsam fahren. Und da passierte es. Jemand schrie: »Bus anhalten! Alle auf die Erde legen!«

Sofort wußte ich, dies ist ein Überfall. Während die Passagiere sich eiligst auf den Boden knieten, stiegen viele bewaffnete Männer ein. Ich versuchte, Ruhe zu bewahren und blieb erst einmal sitzen.

Die Männer fingen an, alle Wertsachen der Passagiere an sich zu nehmen. Ich betete im Stillen: »Herr, vielleicht ist dies meine letzte Chance mich Dir anzubefehlen. Bitte, vergib mir meine Sünden und was immer ich auch in meinem Dienst verkehrt gemacht habe. Vergib mir, Herr.«

Einer der Männer befahl auch mir, mich hinzuknien und ihm meine Wertsachen wie Tasche, Geldbeutel und Uhr zu geben. Ich gab ihm, was er verlangte. Ich hatte mir aber zu Beginn des Überfalls noch schnell 150 Pesos in meinen Schuh gesteckt. Meine Bibel hätte ich aber doch gerne behalten und fragte den Mann ganz ruhig, ob ich diese wenigstens aus der Tasche nehmen könnte. Es schien als hätte er mich nicht richtig verstanden und ich hörte ihn nur sagen: »Bibel? Bibel?«

Plötzlich schrie der Anführer durch den Bus: »Moslem? Bist du Moslem?« Etwa 10 der insgesamt 60 Passagiere standen auf und antworteten mit Ja. Ich selbst war für einen Moment auch versucht, ja zu sagen, dies könnte mich vielleicht retten. Doch es wäre eine Lüge gewesen.

Wir mußten nun alle den Bus verlassen und der Kommandant fragte mich: »Warum bist du der Letzte? Bist wohl sehr mutig, was?« Meine Antwort war: »Der Herr ist mit mir!« –

Während wir alle den Bus verließen, wurden die Moslems von den anderen getrennt. Es standen etwa 40 schwerbewaffnete Männer um uns herum. Ich mußte mich, zusammen mit einigen anderen, in einer Reihe auf den Boden knien und wenige Schritte hinter uns kniete eine weitere Gruppe Nicht-Moslems.

Dann mußten wir uns sogar mit dem Gesicht auf den stoppeligen Boden legen, was ich jedoch nicht tat. Einer der Männer kam auf mich zu und verlangte, daß ich ihm meine Jacke geben solle. »Ihr habt mir schon alles genommen, bitte laß mir meine Jacke.« wagte ich zu sagen. Sie war ein teures Geschenk gewesen. Da richtete der Mann seine Pistole auf mich und ich gab ihm die Jacke.

Ich fing an zu beten. Er drehte die Mündung von mir weg und richtete sie auf einen meiner Mitreisenden, drückte ab und das Massaker begann. Maschinenpistolen bellten und ich betete mit erhobenen Händen zu Gott um Schutz für mein Leben.

Einer der Männer schrie mich an: »Leg dich hin!« Aber ich gehorchte nicht. Mit erhobenem Haupt wollte ich meinem Tod ins Auge sehen. Jedoch beugte ich meinen Oberkörper ab und zu nach vorne, mit dem Gesicht zur Erde, in Ehrfurcht vor meinem lebendigen Gott, um dann aber gleich wieder meine Hände zum Himmel emporzuheben.

Mein ganzer Körper bebte und plötzlich hörte ich deutlich, wie eine Stimme die Verse 3 und 4 aus Psalm 29 zu mir sprach: »Die Stimme des HErrn ist über den Wassern, der Gott der Herrlichkeit donnert; der HErr ist über großen Wassern. Die Stimme des HErrn ist gewaltig, die Stimme des HErrn ist majestätisch!« Und dann sagte diese Stimme zu mir: »Mein Sohn, ich bin immer noch bei dir!«

In meinem Geist fühlte ich mich stark, wie ein Riese, doch es war mir, als könnte ich jedes einzelne Haar meines Körpers spüren und ich zitterte unaufhörlich. Ich wußte, der Geist des Todes war in meiner Nähe, aber ich durfte diesem im Namen Jesu widerstehen. Viele Bibelverse wurden in mir lebendig, wie Psalm 34,7: »Dieser Elende rief, und der HErr hörte, und aus allen seinen Bedrängnissen rettete er ihn!« Auch Psalm 91,1: »Wer im Schutz des Höchsten wohnt, bleibt im Schatten des Allmächtigen!«

Während ich betete, wagte ich es, meine Augen zu öffnen und um mich zu schauen. Menschen schrien. Überall war Blut. Ich sah, wie eine Frau mit ihrem Baby auf dem Arm voller Wut und Verzweiflung einen der Angreifer anschrie und beschimpfte, denn ihr Mann lag bereits tot am Boden. Der Angreifer zog ein Dschungelmesser und traf die Frau mit einem kräftigen Hieb am Bauch. Die Eingeweide traten hervor. Das Baby schrie und der Mann brachte es mit einer Kugel zum Schweigen.

Ich wandte meine Augen voller Entsetzen von dieser fürchterlichen Szene und es war mir, als würde die linke Seite meines Kopfes nicht mehr funktionieren. Meine Lippen beteten unaufhörlich, jedoch jetzt in einer Sprache, die ich selbst nicht verstehen konnte.

Plötzlich hörte die Schießerei auf. Das Ganze hatte eigentlich nicht lange gedauert. Ich öffnete meine Augen wieder und sah, wie einer der Angreifer mich von Kopf bis Fuß mit verwunderten Augen musterte, sich dann umdrehte und sich mit seinen Männern einige Meter zurückzog.

Was hatte ihn so verwundert? Daß ich noch lebte? Oder war er sich nicht so sicher, ob ich nicht vielleicht doch ein Moslem war? Oder hatte er vielleicht meine Gebete verstanden? –

»Alle Überlebenden kommt schnell, bringt die Verwundeten in den Bus,« hörte ich den Fahrer rufen. Auch meine Kleider waren voller Blut, aber nicht von meinem eigenen. Ich hatte zu meinem Erstaunen nicht einen Kratzer abbekommen und auch die Passagiere, die unmittelbar links und rechts von mir gekniet hatten, waren nicht getroffen worden.

Schnell luden wir die vielen Verwundeten in den Bus. Da hörten wir nochmals eine Maschinenpistole. Doch diesmal gingen die Kugeln in die Luft als Zeichen zum Abzug; und die Angreifer verschwanden.

Der Fahrer fuhr so schnell er konnte, um die Verwundeten in das nächste Krankenhaus zu bringen, das etwa 20 km entfernt war. Fünf Passagiere mußten wir zurücklassen, sie waren bereits tot. Die Verwundeten stöhnten und baten um Hilfe. Ich hielt eine Frau in den Armen, ihre Wunden waren schlimm und ich wußte, sie hatte nicht mehr lange zu leben. Aber ich konnte ihr noch sagen, daß Jesus unser Retter ist und wir durch ihn ewiges Leben erlangen können. Sie nahm Jesus an und starb.

So manch anderem konnte ich während der Fahrt Jesus bezeugen. Aber für viele kam jede Hilfe zu spät. Wir waren insgesamt 60 Passagiere gewesen, davon 10 Moslems. Die Zeitungen berichteten später von neun Toten, doch als ich das Krankenhaus verließ, hatte ich insgesamt 20 Tote gezählt, einschließlich der fünf am Tatort zurückgelassenen. Und noch viele waren verletzt, darunter auch Kinder.

Gottes Schutz war auf wunderbare Weise mit mir gewesen. Er hatte mein Leben gerettet und dafür bin ich ihm dankbar. Das Leid der anderen bewegte mich sehr. Noch Stunden nach dem Überfall konnte ich nicht aufhören, immer und immer wieder davon zu sprechen. Ich hatte einen Schock. Dennoch konnte ich meine Reise bis Davao fortsetzen. Von dort aus rief ich in Cebu City an und man bat mich, zu kommen.

Freunde in Davao und Butuan gaben mir Kleider und halfen mir auch finanziell. In Cebu kam ich dann endlich langsam zur Ruhe. Doch im Schlaf hörte ich das schreiende Baby und ich mußte weinen.

Als mich später Missionar Randolf Wetzel fragte, was ich den Moslems gegenüber empfinde, die uns überfallen hatten, konnte ich sagen, daß da kein Haß in meinem Herzen ist. Ihre Tat war so brutal und böse gewesen, und sie wollten ja auch mein Leben zerstören, doch anstelle von Haß ist in mir der Wunsch wach geworden, vielen Moslems von der Liebe Jesu zu erzählen. Ich hatte zuvor die Gemeinde in Isulan dazu aufgefordert, den Moslems das Evangelium zu verkündigen. Doch jetzt weiß ich, diese Herausforderung gilt auch für mich.

***

Nachwort zu diesem Artikel von den Missionaren Randolf und Britta Wetzel:

Dieses Erlebnis von Pastor Alger Salado hat uns alle sehr bewegt. Durch unsere gemeinsamen Einsätze im Stamm der T'Boli war zwischen ihm und uns eine feine Freundschaft entstanden. Alger und seine Familie leben dort unter einfachsten Verhältnissen. Durch seinen Dienst sind in diesem Stamm bereits viele Menschen zu Jesus gekommen und mehrere Gemeinden entstanden. Diese wachsen im Glauben

Es gibt bereits mehrere junge Mitarbeiter unter den T'Boli und weitere sollen ausgebildet werden. Jedoch ist die Situation im Süden der Philippinen zur Zeit sehr angespannt. Die Regierung steht mit den Moslems in Friedensverhandlungen. Aber da existieren noch militante Splittergruppen. Diese versuchen auf verschiedene Weise, Unruhe zu stiften.

Auf der Insel Mindanao leben 14 verschiedene moslemische Volksgruppen mit ca. 5 Millionen Menschen. Die Missionsarbeit unter den Moslems dort ist noch sehr gering. Wir Weiße können so gut wie nicht unter ihnen wirken. Aber betet mit uns, daß es unseren philippinischen Freunden möglich ist. Betet auch für Alger und seine Mitarbeiter. Helft auch mit euren Spenden, damit wir die Hilfsmittel bekommen, um in dieser Region noch effektiver arbeiten zu können. Boote, Motorräder, Fahrräder und manches mehr werden benötigt, um die Mitarbeiter auszurüsten.

Wir schließen mit Johannes 15,16: »Nicht ihr habt mich erwählt, sondern ich habe euch zu mir gerufen, damit ihr hingeht und Frucht bringt, welche bleibt.«

PERSÖNLICHES ZEUGNIS

Von Rolando Saludo

Als der Älteste von sechs Kindern und Sohn katholischer Eltern, wuchs ich in Langasian, in Agusan del Sur, auf. Im dritten Jahr auf der höheren Schule, konnten meine Eltern das Studium nicht mehr finanzieren. Ich mußte mir eine Arbeit suchen und konnte bei einer Holzfällerfirma angestellt werden. Es war eine schwere Arbeit und an manchen Tagen fühlte ich mich total verausgabt und erschöpft.

Es war wieder einmal ein solcher Abend nach der Arbeit. Ich duschte und machte mich auf den Weg zu einer Tanzveranstaltung in der Stadt. Ich mußte daran teilnehmen, weil ich Mitglied der Kabataang, der Dorfverwaltung war.

Es war dann am anderen Morgen, etwa gegen 10 Uhr, daß ich plötzlich meinen Hals und den Kiefer nicht mehr bewegen konnte. Auch konnte ich weder essen noch trinken. Ich schaute in den Spiegel und sah, daß die linke Seite meines Halses geschwollen war. Meine einzige Erklärung war es, daß mich wohl ein Tausendfüßler gebissen haben mußte.

Man brachte mich zur Behandlung nach Butuan. Danach, auf dem Heimweg, fühlte ich mich wieder besser.

Etwa vier Monate später hatte ich einen Unfall mit einem unserer Wasserbüffel und von dem Tag an fing die Beule an meinem Hals an, immer größer zu werden. Zwei Jahre lang wurde ich nun in Butuan behandelt. Man hatte Krebs als Diagnose festgestellt. Jetzt wurde ich von den Medikamenten, die ich zur Schmerzlinderung bekam, abhängig.

Im Jahr 1989 lernte ich Pastor Rudy Boyonas kennen, der mich zu Christus führte und auch mit mir betete. Ich klammerte mich nun an den HErrn, denn ich wußte, es gab keine andere Hoffnung für mich.

Im Frühjahr 1990 traf ich Missionar Randolf Wetzel, durch den ich dann nach Cebu City kam, um mich nochmals untersuchen zu lassen. Alle Ärzte, denen ich vorgestellt wurde, sagten, daß meine Tage gezählt seien. Und so ging ich zurück nach Hause. Im Juli 1991 brachte mich Randolf nochmals nach Cebu City, wo ich für die Ärzte immer noch als hoffnungsloser Fall galt. Doch im Vertrauen, daß Gott Heilung verheißt, versorgten mich Randolf und Britta Wetzel und beteten für die nächsten zwei Monate jeden Tag mit mir. Dies taten auch alle Mitarbeiter im Missionsbüro. In dieser Zeit übergab ich mein ganzes Leben an Gott. Wenn er mich zu sich nach Hause holen wollte, dann sollte es geschehen. Wenn nicht, dann soll nur sein Wille mit mir geschehen; wenn er nur bei mir war und ich bei ihm. Und obwohl es aussichtslos schien, wurde der Krebs in diesen Wochen von Zeit zu Zeit mit Strahlen behandelt.

Als ich dann nach dieser sehr schweren Zeit nach Hause zurück kam, war ich vollkommen geheilt. Ich schonte mich und pflegte meinen Körper für die nächsten drei Monate. Danach ging ich an meine Arbeit in die Holzfirma zurück.

Nochmals wurde ich vom Teufel attackiert; diesmal mit Malaria. Zwei Wochen lang hatte ich Fieber. In dieser Zeit bat ich Gott um Hilfe. Und wieder erzeigte er sich für mich als der Heilende.

Der HErr hat mir erlaubt, länger zu leben, als ich es mir während der schweren Zeit meiner Krankheit vorgestellt hatte. Und so gebe ich ihm mein Leben als ein Opfer zurück. Wenn es Gottes Wille sein kann, möchte ich gerne zusammen mit Pastor Renato unter den Stämmen in Agusan del Sur arbeiten. Doch wo immer er, der HErr, mich hinführt: Ich werde gehen! Ich möchte solange laufen, bis er mich nach Hause holt. Dann, wenn er sagen wird: »Komm nach Hause, du hast gut gearbeitet, mein treuer Knecht.«

Seit ich den HErrn angenommen habe, ist nun schon eine ganze Zeit vergangen. Ich bin nicht ›ausgebrochen‹, noch plane ich dies jemals zu tun, trotz der Höhen und Tiefen in meinem Leben, denn ich weiß, daß Gott größer ist als alle meine Nöte und Schwierigkeiten. Ganz egal, wie groß der Berg auch sein mag, mit Ihm zusammen ist nichts unmöglich. Mein Glaube ist gewachsen und wie der eines Kindes geworden. Ich möchte ihm blind vertrauen und mit Paulus sagen können: »Christus ist mein Leben und Sterben ist mein Gewinn!«

Es gibt einen gewaltigen Unterschied zwischen meinem früheren Leben und jetzt. Und dieser Unterschied hat einen Namen: JESUS CHRISTUS.

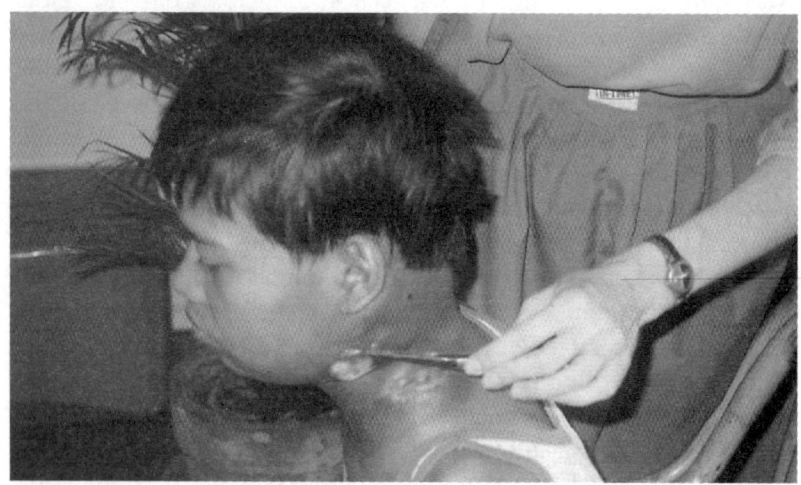

Der krebskranke Rolando Saludo, ein junger Manobo, wurde wochenlang von Britta Wetzel medizinisch betreut.

Hier derselbe junge Mann, nachdem der Krebs besiegt war. Allerdings mußte er auch Bestrahlungen über sich ergehen lassen.

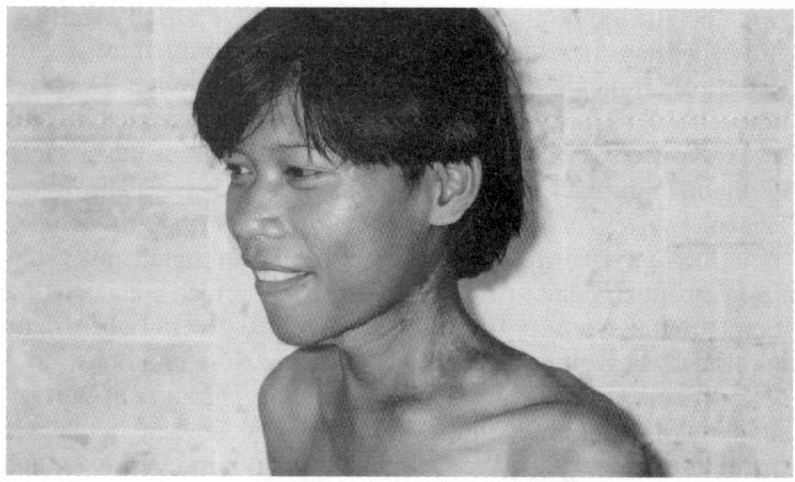

EIN TROPFEN AUF DEM HEISSEN STEIN?

Von Randolf und Britta Wetzel

Bonifacio Malinao kam 1978, zusammen mit seinem jüngeren Bruder, in das Kinderheim der Odenwälder Heidenmission e.V. in Surigao City. (Es ist das Haus, das 1984 vom Taifun Nitang zerstört worden war). Der Vater war durch einen herabfallenden Holzbalken getötet worden und hatte eine Frau mit vier kleinen Kindern hinterlassen. Bonifacio, der Älteste, war damals gerade sieben Jahre alt.

Der Vater war ein Gelegenheitsarbeiter gewesen und die Mutter versuchte, so gut sie es konnte, als Waschfrau zum Lebensunterhalt beizutragen. Seit ihrer Hochzeit bestritten sie ihr Leben ›von der Hand in den Mund‹. Sie hatten auch kein eigenes Zuhause und mußten bei Verwandten leben.

Bonifacio war der einzige von vier Kindern, der es verstand, nun ohne den Vater leben zu müssen, und so versuchte er, seiner Mutter und den jüngeren Geschwistern zu helfen, wo und wie er nur konnte. Doch das Leben war eine Qual und die Mutter wußte sich nicht zu helfen und bat darum, daß mindestens zwei der Kinder im Kinderheim aufgenommen würden. Und so kam es, daß Bonifacio und sein Bruder Ruben Teil unserer Kinderheimfamilie wurden.

Bonifacio hatte sich schnell im Haus zurechtgefunden. Er war ein stiller und begabter Junge, der so manche Auszeichnungen von der Schule mit nach Hause bringen konnte. Für die Kleinen im Heim blieb er auch weiterhin ein treusorgender, großer Bruder.

Schon zu Beginn seiner Zeit im Kinderheim hörte er von Jesus Christus und erhielt eine christliche Erziehung. Er erzählte seinen Heimeltern, daß er seine Vergangenheit vergessen und alles daransetzen möchte, um es einmal besser zu haben als seine Eltern.

Sportliche Aktivitäten gefielen ihm schon immer sehr und schon bald war er einer der besten im Pre-Militär-Training in der Schule und wurde dann auch der Kommandant über alle Schüler während solcher Schulübungen. Er fing immer mehr an, sich mit dem Gedanken zu beschäftigen, nach der Schulzeit zum Militär zu gehen und dort die Offizierslaufbahn einzuschlagen.

Wie bei fast allen Kindern gab es auch bei Bonifacio einige Probleme während seiner Teenagerzeit, doch durch die Fürsorge seiner Heimeltern und durch Gebet hat ›Bonnie‹ diese Zeit gut durchgestanden.

1987 beendete er dann die Schule und nun kam die Frage auf, was er in Zukunft machen sollte. Jedoch blieb ihm noch ein Jahr Zeit, in dem er sich über alles im Klaren werden konnte, denn nach Beendigung der Schule (High School) werden alle Heimkinder zu einem speziellen Jahr zur Bibelschule geschickt, nicht als Schüler, sondern um praktische Dinge zu erlernen, in der Landwirtschaft mitzuhelfen und ihr erstes, eigenes Geld zu verdienen.

Dies wurde zu einem ganz wichtigen und entscheidenden Jahr für Bonifacio. In der Gemeinschaft mit den Bibelschülern und unter der Leitung der Mitarbeiter dort, konnte er im Glauben wachsen. Die Arbeit half zu verstehen, daß das Leben außerhalb des behüteten Kinderheims doch anders aussehen kann.

Die Verantwortlichen standen ihm mit Beratung und Unterstützung zur Seite bis zum Juni 1988, denn jetzt war die Zeit gekommen, daß Bonifacio auf eigenen Füßen stehen sollte. Wie würde nun sein Weg weitergehen? –

Ihm war es klar geworden, daß er Offizier werden sollte – aber ein ›Offizier in der Armee Gottes‹ und so bewarb er sich als Student unserer Bibelschule für das kommende Semester.

Wir wollen an dieser Stelle auch im Namen von Bonifacio ganz herzlich seinem treuen Paten in Deutschland danken für die Jahre der Unterstützung, die er dem Jungen hat zukommen lassen. Dadurch bekam ein Kind die Chance aus seiner Not herauszukommen, eine Schulausbildung zu haben und darf nun ganz bewußt ein Leben mit Gott führen. Jesus sagt in seinem Wort: »Was ihr einem dieser Kinder getan habt, das habt ihr mir getan!«

Viele mögen vielleicht sagen, daß dies nur ein Tropfen auf einem heißen Stein ist, wenn man so ein Kind unterstützt, angesichts der Tatsache, daß viele Tausende im Elend leben. Jedoch hat dieser kleine, beständige Tropfen, den ein Mensch treu gegeben hat, für Bonifacio viel bewirkt. Würden noch mehr Menschen solche Tropfen fallen lassen, dann könnten noch viele andere Kinder in dieser Welt eine bessere Zukunft haben. Viele Kinder leben und sterben im Elend, weil Menschen, die im Wohlstand leben, es versäumen, ein ›Tropfen auf dem heißen Stein‹ zu sein.

Bonifacio absolvierte die zweijährige Bibelschule mit gutem Erfolg. Bei der Abschlußfeier waren auch Brittas Eltern, Peter und Elke Assmus in Samar zugegen. Anschließend machte er ein Gemeindepraktikum und wurde dann zum Pastor ordiniert.

Heute ist Bonifacio Malinao verheiratet, hat selbst einen Sohn und leitet eine Gemeinde auf der Insel Mactan vor Cebu City. Wenn das im Bau befindliche Kinderheim dort fertig sein wird, dann wird er mit seiner Frau die Leitung übernehmen.

***

Wer sich für eine monatliche Kinderpatenschaft von DM 50,— oder DM 100,—, je nach dem Lebensstandard des jeweiligen Landes, interessiert, schreibe bitte an:
Odenwälder Heidenmission e.V. D-64658 Fürth-Erlenbach, Steinbruchstr. 10.

Bis 1989 befand sich das Kinderheim in Surigao City. Hier mit Missionsleiter Peter Assmus im Jahre 1985.

1989 war der Umzug nach Cebu City. Kinder und Möbel wurden mit unserem Boot »Göttingen« 200 km übers Meer transportiert. Hier ein Teil der inzwischen herangewachsenen Kinder.

DIE KATASTROPHE VON ORMOC

Nach einem Telefax von Pastor Edgar Bantigue

»Wir sind gerade eben aus ORMOC nach Cebu City zurückgekehrt. Es waren die traurigsten und längsten vier Tage in unserem Leben bis 1991. Wir waren zwölf Personen unserer Mission von Christ Faith Fellowship dort, um den Menschen zu assistieren und ihnen in ihrer Not zu helfen.

Um es zusammenzufassen, ich denke, das, was dort in Ormoc geschehen ist, war noch schlimmer als die Katastrophe von 1984 in Surigao City, als der Taifun Nitang gewütet hatte.

Bis zu dieser Stunde weiß man, daß mindestens 210.000 Menschen obdachlos geworden sind. Etwa sechs- bis achttausend Personen sind erwiesenermaßen tot und noch immer werden einige tausend vermißt. Bis heute sind die offiziellen Stellen der Stadt rund um die Uhr 24 Stunden lang bei der Arbeit, tote Leiber auszugraben und wieder Ordnung in der Stadt herzustellen.

Wir haben Gott um Kraft und Courage gebeten als wir dort waren, damit wir den Menschen in der richtigen Weise dienen und helfen konnten. Es gab so viel Seufzen und Traurigkeit in ihren Augen. Wir sahen aber auch viele, die keine Tränen mehr weinten. Es scheint, sie haben keine Tränen mehr, um weinen zu können. Wohin man blickt nur Schmerz, Trauer und müde Gesichter.

Das ganze Gebiet war schrecklich schmutzig, stinkend und durcheinander. An vielen Plätzen konnte man nur mit Gummistiefeln weiterkommen. Da wir keine dabei hatten, mußten wir sehr gewissenhaft sein, irgendwo hineinzulaufen. Die Stadt und die nahe Umgebung ist voller Schlamm, mehrere Zentimeter dick.

Bevor wir damit beginnen konnten, unsere Hilfsmittel, die wir mitgebracht hatten, zu verteilen, sahen wir uns die einzelnen Plätze erst einmal an. Was wir an allen diesen Orten sahen brach fast unsere Herzen und wir hofften, genug dabei zu haben, um für das

178

Nötigste helfen zu können. Wir baten Gott um Leitung, wohin wir zuerst gehen sollten und wo wir unsere Hilfe einsetzen können, denn wohin wir blickten kamen Rufe um Hilfe.

Überall lagen noch tote Menschen herum, die nicht identifiziert waren: Erwachsene, junge Leute, Kinder und Kleinkinder. Es gab nicht genügend Leute, sie zu sammeln. Diese Leiber mußten einige Tage warten, bis sie begraben werden konnten. Aber viele wurden auch begraben, ohne daß man wußte, wer es war. Bei unserem Klima geht alles sehr schnell in Verwesung über.

Mit den Hilfsgütern, die wir von Freunden hatten, auch von Missionar Harald Rauch, der uns sofort 30.000 Pesos gab und einiges aus unserem Katastrophen-Fonds der Mission, reisten wir zwölf Personen nach Ormoc, um alles zu tun, was uns möglich war. Es ist aufregend zu sehen, wie der HErr uns durch alles geholfen hat und uns in der Kürze der Zeit soviel Mut gab, an diesen Ort zu gehen, um den Betroffenen Nahrungsmittel, Kleidung, Medizin zu bringen und auch den Trost Gottes mitzuteilen.

Wir konnten 500 Familien in drei Ortsgemeinschaften und zehn Kirchengemeinden helfen. Besonders hart war es am letzten Platz, als zwei Leiter eines Nachbarortes mit der Bitte kamen, auch ihrem Ort in gleicher Weise zu helfen. Doch wir mußten passen. Wir hatten nichts mehr, was wir geben konnten. Immerhin konnten wir insgesamt 4.500 kg Nahrung und Kleidung an die einzelnen Opfer verteilen. Ebenso hatten wir drei große Kartons mit Medizin, Antibiotika und Wundsalben. Alles, was wir am Lager hatten, brachten wir nach Ormoc und wir waren froh vielen Menschen dort helfen zu können.

Hier nun einige Eindrücke über die Leute, die wir antrafen:

Von einer Mutter mit zwei kleinen Kindern. Während es stark regnete und stürmte, sagte sie zu ihren Kindern, daß sie unbedingt im Haus bleiben sollten, weil sie zum Markt gehen und einkaufen müsse. Als sie auf dem Rückweg war, kämpfte sie sich durch die anwachsende Flut, um ihren Platz wieder zu erreichen. Sie fand ihre Kinder nach Hilfe schreiend, aber ihr Häuschen war in Teile zerbrochen und von der Flut weggeschwemmt.

Ein Lehrer verlor seine Eltern, seine Frau, seine Schwestern und seine Kinder. Alles in allem 16 Personen seiner Familie und bis jetzt fand er nur den Leib seiner Frau, eines Kindes und einer

Schwester. Er ging verwirrt umher, ausdruckslos und sprach jeden an, den er sah. Wir versuchten ihn zu trösten. Aber auch uns blieb nur das Beten.

Bis heute weiß man nicht so recht, was diese große Flut ausgelöst hat. Man hat viele Vermutungen aber nichts Gewisses. Wahrscheinlich traf vieles zusammen, sonst hätte es nicht zu einer solchen Katastrophe kommen können. Es scheint, daß diese Flut nur deshalb möglich war, weil 154.000 Tonnen Regenwasser irgendwo zusammengeströmt waren.

Wir sind jetzt körperlich nach diesem Einsatz sehr müde, aber in unseren Herzen beten wir und haben den Wunsch, zurückzugehen, um den Menschen dort noch mehr helfen zu können.« –

Bemerkung dazu: Ormoc ist eine Hafenstadt auf der Insel Leyte. Unmittelbar landeinwärts gibt es Berge, die leider größtenteils abgeholzt wurden. Auch muß es einen Staudamm gegeben haben. So ist es nicht verwunderlich, daß die sintflutartigen Regenfälle Wassermassen erbrachten, die irgendwo zusammengeflossen sind und dann über die Stadt hereinbrachen. Durch die enormen Umweltschäden in vielen Teilen der Erde sind solche Katastrophen vorprogrammiert. Es ist nur eine Frage der Zeit und der Umstände, wann die Katastrophe eintritt.

Vier Tage lang war unser CFF-Team in Ormoc im Einsatz, hier mit Mund- und Atemschutz.

Kleider, Nahrungsmittel und Medikamente wurden verteilt; auch konnte den Menschen durch Seelsorge geholfen werden.

Mit großer Dankbarkeit wurden die Hilfsgüter angenommen.

Hier stand ein dreistöckiges Gebäude. Jetzt graben die Menschen mit den Händen und suchen Verschüttete oder Habseligkeiten.

Diese Frau sitzt hier und spricht kein Wort. Sie hat ihre Familie und all ihr Hab und Gut verloren.

Überall ein Bild der Zerstörung.

Die Straßen der Stadt sind voller Schlamm und Geröll.

Mehr als 6000 Menschen kamen bei dieser Katastrophe ums Leben.

ERRETTET, BEFREIT, EIN NEUER MENSCH

Von Britta Wetzel

Hier erzählen wir die spannende Geschichte von Sammy Rojo, einem ehemaligen philippinischen Soldaten, der heute Pastor unserer Missionskirche auf den Philippinen ist und eine eigene Gemeinde leitet.

Es war Sammy's Aufgabe gewesen, seine Männer in ein kommunistisches Rebellengebiet hineinzubringen, um dann diese Rebellen zu liquidieren. Dies hieß für ihn: Zuerst wird geschossen, Fragen stellt man später.

Für Sammy war es mit der Zeit etwas ganz Natürliches geworden zu töten. Dazu hatte man ihn ausgebildet und darauf war er stolz. Doch dann geschah etwas, das in dazu veranlaßte, die philippinische Armee zu verlassen, um in einer ›anderen Armee‹ zu dienen.

Die Geschichte beginnt 1979. Zu dieser Zeit pionierte Edgar Bantigue, damals ein junger philippinischer Pastor und Evangelist (heute der Leiter der Christ Faith Fellowship auf den Philippinen), eine kleine Gemeinde in dem Bario (Dorf) Bagacay, auf einer der vielen kleinen Inseln von Siargao. Dort fand gerade eine ›Fiesta‹ statt, so nennt man auf den Philippinen ein Dorffest. Edgar wußte, daß es besser ist während dieser Zeit bei den jungen Christen zu bleiben, bevor er dann wieder für eine Weile zu seiner Familie nach Surigao zurückkehren würde.

Die offene Halle des Dorfes füllte sich mit den Klängen weltlicher Tanzmusik und mit betrunkenen Leuten. Wie immer kamen viele, um an der Fiesta teilzunehmen. Doch Edgar staunte, als er in der Menge auch sechs schwerbewaffnete Soldaten der philip-

185

pinischen Armee entdeckte. Er konnte nicht wissen, daß die Gruppe gerade einen ihrer getöteten Kameraden nach Hause eskortiert hatte. Der Sergeant der Truppe war Sammy, ein kräftiger, junger Mann im ›Afro-Look‹.

Sammy war stolz, Mitglied der Armee zu sein. Er zog es vor, in die kritischen Gebiete zum Kampfeinsatz geschickt zu werden, anstatt in den Städten und Dörfern zu bleiben, wie es z.b. die Soldaten der philippinischen Constabulary (Militärpolizei) mußten. Der Konkurrenzkampf zwischen diesen beiden Einheiten innerhalb der Armee war groß. Wenn sich dieses Konkurrenzdenken dann auch noch mit Alkohol und der Erinnerung an einen toten Kameraden vermischt, dann kann das Soldatenblut schnell in Wallung kommen und zu irrationalem Handeln führen. Und genau das sollte hier in Kürze passieren.

Am Abend vergnügten sich Sammy und seine Truppe in der Dorfhalle. Sie sprachen reichlich dem Alkohol zu und erfreuten sich an den Darbietungen. Ganz in der Nähe war auch ein Mann der Militärpolizei. Höchstwahrscheinlich sollte das, was nun folgte, ein Witz sein, denn dieser Offizier der Militärpolizei nahm plötzlich das Mikrophon des Ansagers in die Hand und kündigte an: »Die Boy-Scouts« (Pfadfinder) seien anwesend. Ein Ausspruch, der gebraucht wird, um die Armeesoldaten zu ärgern. Dies machte Sammy wütend und der Gedanke nistete sich bei ihm ein, Vergeltung zu üben und zu töten.

Sogleich wandte er sich seinen fünf Kameraden zu und verkündete diesen die Liquidation des Militärpolizisten für 23 Uhr. Dann beauftragte er einen seiner Männer, ein ›Pumpboot‹ (kleines Motorboot mit Auslegern) und Benzin zu besorgen, für eine schnelle Flucht nach der blutigen Tat.

Normalerweise besaß in dem kleinen Dorf niemand ein solches Boot. Doch Sammy's Mann hatte Glück. Er fand Pastor Edgar's kleines Evangeliumsboot, an Stangen angebunden über dem Wasser hängend. Man brauchte nur das Seil zu lösen und schon würde das Boot ins Wasser gleiten und eine schnelle und leise Flucht ermöglichen. Damit war alles vorbereitet und der Plan kam ins Rollen.

Sammy und seine Männer tranken und grölten, während die Nacht dahin eilte; und bevor sie es merkten, war es bereits 1 Uhr morgens geworden. In ihrer Trunkenheit hatten sie ihren mörderischen Termin verpaßt. Aber Gott hatte einen anderen für Sammy. Dies war ein Termin, der Leben bringt und nicht Tod.

Da die Männer den Militärpolizisten einfach nicht finden konnten, griffen sie wieder zur Flasche und betranken sich bis zum Umfallen. Der Bürgermeister von Bagacay hatte von dem mörderischen Plan der Soldaten gehört, wie auch immer, und dafür gesorgt, daß der Mann sicher zu einer anderen Insel gebracht wurde.

Am Morgen, als Edgar aus dem Haus schaute, sah er Sammy und seine Männer am Strand sitzen. Dort versuchten sie, sich von ihrem Rausch zu erholen. Edgar schnappte seine Bibel und ging auf die Soldaten zu. »Kumusta Tatan?« (Wie geht es euch?) Ich bin Pastor und würde gerne mit euch über Gottes Wort sprechen. Ihr seid Soldaten und euer Leben ist immer in Gefahr, darum ist es gut, die Zusicherung Gottes zu haben, daß selbst, wenn der Körper stirbt, ihr ewiges Leben durch Jesus Christus haben könnt.«

Diese Worte sanken den Soldaten tief in die Herzen, dachten sie doch dabei an ihren toten Kameraden, den sie gerade am Tag zuvor beerdigt hatten.

Bewegt betete Edgar für die Männer um Schutz und Wegweisung. Dann überreichte er Sammy, dem Anführer, ein kleines Neues Testament mit den Worten: »Ob du dich jemals wieder an mich erinnern wirst ist nicht wichtig. Aber es ist mein Gebet und mein Wunsch, daß du die Worte des HErrn, die du heute gehört hast, nie mehr vergißt.«

Als sich ihre Wege trennten, kam es Sammy nicht in den Sinn, daß die Worte, die er gehört hatte, tatsächlich immer wieder in seine Gedanken zurückkehren würden. Doch genau so wurde es. Sooft er auch in der Folgezeit versuchte, die gehörten Worte im Alkohol zu ertränken, kamen sie sofort wieder zurück, wenn er nach seinem Rausch am nächsten Morgen erwachte.

Während so die Wochen verstrichen, wurde Sammy immer unruhiger, denn der HErr arbeitete an seinem Herzen. Die Bibel, die ihm Edgar gegeben hatte, wurde ihm mit jedem Tag wertvoller. Aber manches Mal war er auch etwas verwirrt, denn es stand vieles darin, was er einfach nicht verstehen konnte, zumal die Bibel in Englisch und nicht in seiner Muttersprache geschrieben war.

Letztendlich, auf Grund verschiedener Umstände, legte man Sammy nahe, sich für eine Zeit vom Armeedienst zu erholen. Normalerweise empfindet ein Soldat einen solchen Rat wie ein Todesurteil. Sie bevorzugen es lieber ›in einer Holzkiste‹ nach Hause gebracht zu werden, als ohne Uniform heimzukommen. Doch Sammy ging auch gar nicht nach Hause. Es gab jetzt etwas Wichtigeres für ihn: Er mußte Edgar Bantigue finden! Denn er sehnte sich danach, endlich Klarheit in seinen Gedanken zu bekommen.

Pastor Edgar zu finden war jedoch keine leichte Sache. Sammy wußte nur, daß Edgar in Surigao City lebte, doch die Stadt ist groß und sein Suchen schien vergeblich. Als er auf dem Weg war, die Stadt wieder zu verlassen, hörte er Gesang aus einer kleinen Kirche. Er schaute hinein und sah Menschen, die während des Singens die Hände hoben. Er erinnerte sich, daß er dies schon einmal gesehen hatte, nämlich in der kleinen Gemeinde von Pastor Edgar auf der Insel Bagacay, und so blieb er.

Während er dasaß, zuhörte und alles beobachtete, fühlte er plötzlich etwas, das er noch nie zuvor empfunden hatte: Frieden, Freude und Liebe. Es wurde ihm bewußte, daß er sich hier in der Gegenwart Gottes befand. Als dann die Pastorin fragte, ob jemand da sei, der Jesus Christus als seinen persönlichen Retter annehmen möchte, ging Sammy spontan nach vorne und die Kraft und die Person Gottes verwandelte ihn in einen neuen Menschen.

Jetzt wurde sein Wunsch, Edgar zu finden, noch stärker. So fragte er die Pastorin ob sie einen solchen Mann kenne. Und ob – sie hatte nämlich mit Edagr zusammen dieselbe Bibelschule besucht und wußte, daß er mit seiner Familie in einem Kinderheim in Surigao City wohnte. Jetzt machte sich Sammy eiligst auf den Weg, um endlich den Mann zu finden, der im Gehorsam zu Gott den ›Samen gesät‹ hatte, der nun in seinem Herzen aufgegangen war und zur Frucht heranreifte. Als er dann zu diesem Haus kam und Edgar tatsächlich zu sehen bekam, rannte er auf ihn zu und begrüßte ihn mit freudiger Umarmung.

Es dauerte einen Augenblick, bis Edgar den Mann in Zivilkleidung mit den kurzgeschorenen Haaren als den Soldaten Sammy von Bagacay wiedererkannte.

»Pastor, ich habe Frieden gefunden! Ich bin jetzt Christ und ein neuer Mensch. Ich werde nicht mehr zum Dienst in die Armee zurückkehren, sondern auf eine Bibelschule gehen,« erklärte Sammy unter Tränen.

Er hielt sein Wort. In seinem ersten Bibelschuljahr bekam er eine Nachricht von seinem vorgesetzten Offizier. Er hätte eine Uniform für ihn bereit und Sammy könne zur Armee zurückkehren.

»Es tut mir Leid, Sir, aber ich möchte nicht länger ein Soldat der philippinischen Armee sein, denn ich bin inzwischen ein Soldat für Christus geworden,« war seine Antwort.

»Was ist mit dir passiert? Bist du verrückt geworden?« war die Rückfrage des Offiziers.

Nein, Sammy war nicht verrückt geworden! Und niemand, der Jesus als seinen HErrn und Retter annimmt, ist verrückt. Es sei denn, daß man damit meint, daß jemand aus der ›Finsternis herausgerückt‹ und in ›Gottes Licht hineingerückt‹ worden wäre.

Das neue Leben mit Jesus hat Sammy völlig verändert. Ein Mann, der daran gewöhnt war, seinen Lebensunterhalt mit Töten zu bestreiten, wurde zu einem Mann, der jetzt die Liebe Gottes verkündigte und bemüht war, die Menschen in seinem Land für das Königreich Gottes zu gewinnen.

Heute lebt Pastor Sammy Rojo mit seiner Frau und seinen vier Töchtern im Norden der Insel Mindanao, wo sie gemeinsam seit vielen Jahren im Evangelisations- und Pastorendienst tätig sind. Sie sind Mitarbeiter der Christ Faith Fellowship, dem philippinischen Zweig der Odenwälder Heidenmission.

ADELA

Ihr Zeugnis wurde von Britta Wetzel aufgezeichnet

Ich bin Adela und komme aus einer armen philippinischen Familie, aus einer kleinen Stadt im Norden der Insel Mindanao. Ich möchte hier meine Lebensgeschichte niederschreiben, um andere Menschen wissen zu lassen, wie wunderbar es ist, wenn man ein Leben mit dem Sohn Gottes, Jesus Christus, lebt. Durch ihn werden Dinge, die unmöglich scheinen, zu Tatsachen, werden Träume und Wünsche wahr, bekommt das Leben einen Sinn.

Schon als kleines Mädchen bekam ich zu spüren wie schwer das Leben sein kann. Meine Eltern waren Christen, doch zu der Zeit als ich geboren wurde, führten verschiedene Umstände dazu, daß sie sich wieder ganz von Jesus abwandten.

Für uns Kinder, wir sind zusammen neun, begann eine schlimme Zeit. Es gab Tage, an denen unsere Eltern so betrunken waren, daß sie im Straßengraben oder gar auf der Straße lagen, und wir Kinder warteten hungernd zu Hause.

Einmal zog mich mein jüngerer Bruder am Kleid in die Küche und jammerte: »Ich habe Hunger, Adela, ich habe so großen Hunger.« – Es blieb uns nichts anderes übrig, als in die Wälder zu gehen und wilde Früchte und Pflanzen zu sammeln.

Als ich gerade zehn Jahre alt geworden war, konnte ich die Situation nicht mehr ertragen und ich beschloß, meinem Leben ein Ende zu setzen. Und so sprang ich eines Tages in einen tiefen Fluß. Doch dies war noch nicht die rechte Zeit für mich, um zu sterben. Ein Onkel sah, was geschehen war und fischte mich aus dem Wasser. »Warum hast du das getan?« fragte er mich. »Ich kann meine Geschwister nicht mehr hungern sehen und darum wollte ich sterben,« gab ich ihm zur Antwort. Daraufhin versprach mein Onkel, daß er uns in Zukunft mit Nahrungsmitteln versorgen würde.

Ab und zu bekamen wir auch etwas Geld geschickt. Meine fünf

190

Adela Catilcong und Sabine Assmus in Cebu City.

älteren Schwestern, da sie sich für meine Eltern schämten, hatten die Stadt verlassen und woanders eine Arbeit gefunden. Doch von ihrem Geld sahen wir Jüngeren meistens nichts, denn es wanderte allzuoft in Form von Alkohol durch die Kehlen meiner Eltern. So fing in meinem Herzen ein tiefer Haß gegen meine Eltern an zu wachsen. Am liebsten wäre ich weggelaufen, doch diesmal dachte ich an meine jüngeren Geschwister und bin geblieben.

Eines Tages hörte ich fröhliches Singen in unserer Stadt. Ich ging dem Gesang nach und fand eine Gruppe Kinder, die sich um eine weiße Frau versammelt hatten. Wie ich erfuhr, war sie gekommen, um eine Ferienbibelschule für Kinder zu halten. Gespannt setzte ich mich dazu und wartete was die Missionarin erzählen würde. Sie sprach davon, daß Gott die Menschen so lieb hatte, daß er seinen einzigen Sohn in die Welt sandte und dieser für mich gestorben sei. Die Tränen liefen mir nur so über das Gesicht, als ich nach vorne ging und Jesus in mein Herz aufnahm. Von diesem Tag an hatte sich mein Leben verändert. Nicht, daß ich nun keine Probleme mehr gehabt hätte, auch änderte sich nicht viel in unserer Familie, aber ich wußte, Jesus war bei mir. Ich fühlte mich nicht mehr allein gelassen mit meinen Problemen, und in meinem Herzen fing sogar eine Liebe für meine Eltern an zu wachsen. Dies änderte sich auch nicht, als sie mir verboten hatten, sonntags in den Gottesdienst zu gehen und ich statt dessen für meinen Vater im Reisfeld arbeiten mußte.

Doch öfters, noch ehe mich meine Eltern zum Arbeiten schicken konnten, verschwand ich heimlich durchs Fenster und eilte zur Kirche. Dafür bekam ich dann auch ordentlich den Reisigbesen zu spüren. Aber es zog mich immer wieder zum Gottesdienst, ganz gleich welche Strafe mich zu Hause erwartete.

In der Kirche lernte ich viele Missionare kennen, die aus den verschiedensten Ländern kamen. Es bewegte mich sehr, daß diese Menschen zu uns reisten und vieles auf sich nahmen, um den Filippinos die Botschaft von Jesus zu bringen. Besonders glücklich war ich, wenn ich einem solchen Missionar nach dem Gottesdienst die Hand geben konnte. Oder manchmal, während sie predigten, stellte ich ihnen ein Glas Wasser auf den Pult.

Ich kann mich gut erinnern, daß ich Gott ernsthaft fragte: »Herr, wenn diese Menschen aufs Missionsfeld gehen können, warum nicht auch ich?« Aber noch war dieses Missionsfeld für mich meine Familie, meine Eltern und Geschwister, die mir zu einem großen Gebetsanliegen wurden.

Wie glücklich war ich, als 1972 meine Eltern einen Neuanfang mit Jesus machten und unser Familienleben sich anfing zu verbessern. Doch kurz danach tauchte für mich ein neues Problem auf.

Ich bekam öfters sehr starke Kopfschmerzen. Meistens fingen sie an, wenn ich besonders intensiv am Lernen war. Die Schmerzen wurden mit der Zeit immer schlimmer und es gab Augenblicke, da ich es nicht mehr aushalten konnte und meinen Kopf gegen die Wand schlug.

Ich liebte es, zu lernen und zu studieren, doch dies war mir bald nicht mehr möglich, da sich meine gesundheitliche Situation zusehends verschlechterte. Meine Eltern brachten mich zum Arzt und dort stellte man irgend etwas in der Größe eines Korns fest, das sich in meinem Gehirn befand. Die Ärzte sprachen von Gehirnkrebs und machten meinen Eltern keine großen Hoffnungen, daß ich jemals meinen siebzehnten Geburtstag erleben würde.

Für längere Zeit lag ich im Krankenhaus und war bald ganz an das Bett gefesselt. Eines Tages nahmen mich meine Eltern nach Hause. Sie glaubten, daß ich nun bald sterben würde. Sie hatten sogar schon geplant, einen Sarg zu kaufen. Ich stand kurz vor meinem siebzehnten Geburtstag, als ich auch nichts mehr essen konnte und glaubte nun selbst, bald zu sterben. Für zwei Wochen lebte ich nur noch von Wasser und fühlte, meine Situation war hoffnungslos.

An einem dieser Tage bat ich meine Eltern, mir eine Bibel zu geben. Ich konnte mich kaum noch bewegen, so schwach war ich geworden, doch mit all der Kraft, die ich aufbringen konnte, hielt ich die Bibel fest an mich gedrückt und schrie zu Gott: »Herr, wenn irgend etwas in mir ist, was in deinen Augen würdig erscheint, dann heile mich jetzt, wenn nicht, dann bin ich bereit zu dir zu kommen.« Es war ungefähr zwei Uhr in der Nacht. Ich lag ganz alleine in meinem dunklen Zimmer. Mein Geist arbeitete noch, doch ansonsten fühlte ich, wie ich immer schwächer wurde.

Auf einmal war der Raum hell erleuchtet und ich konnte mich selbst sehen inmitten einer saftig grünen Wiese mit vielen bunten

Blumen um mich herum und mit einem Fluß in der Nähe. Ich setzte mich ins Gras und sah, wie eine weiße Hand ein übergroßes Buch für mich öffnete, aus dem ich zwei Seiten las. Jedoch kann ich mich nicht mehr an den Inhalt erinnern, es muß wohl ein Geheimnis gewesen sein.

Die weiße Hand deutete nun auf ein Feld, welches vor mir lag, und ich sah eine Gestalt in einem weißen Gewand, mit Sandalen an den Füßen. Das Gesicht konnte ich nicht erkennen, aber in meinem Herzen wußte ich: »Dies ist Jesus!« Er begann Samen auf das frisch gerodete Feld zu streuen und bedeutete mir, ihm zu folgen.

Nachdem ich all dies gesehen hatte, wurde es wieder dunkel in meinem Zimmer. Schweißgebadet lag ich in meinem Bett. Auf einmal verspürte ich ein sehr starkes Hungergefühl. Ich konnte mich aufsetzen und fing an, nach meinen Eltern zu rufen. Sie kamen ganz erschrocken angerannt und trauten ihren Augen nicht, als sie mich im Bett sitzen sahen und hörten, daß ich großen Hunger hätte. Schnell bereiteten sie mir eine Suppe.

Am nächsten Morgen konnte ich mit ihrer Hilfe aufstehen und umhergehen. Gemeinsam lobten wir Gott und dankten ihm für das Wunder, das er an mir getan hatte. An diesem Tag gab ich ihm ein Versprechen; ich wollte ihm folgen, ganz egal was es auch kosten würde, bis ans Ende meines Lebens. Ich ging zu den Ärzten, die zuvor meine Krankheit festgestellt hatten und ließ mich noch einmal untersuchen. Aber sie konnten das kornähnliche Gebilde in meinem Kopf nicht mehr finden und bezeugten, daß hier ein Wunder geschehen war.

Kurz nach meiner Heilung lernte ich Pastor Edgar Bantigue und seine Familie kennen. Sie hatten gerade das Pastorenamt in unserer Gemeinde übernommen und fingen an, sich rührend um mich zu kümmern. Ich sah immer noch sehr dünn und zerbrechlich aus. Sie fütterten mich mit allen guten Dingen. In dieser Zeit fing ich an, auf einer Bibelschule zu studieren. Das jedoch brachte mir erneut Schwierigkeiten mit meinen Eltern ein. Sie wußten zwar, daß Gott mich geheilt hatte, jedoch die Ärzte sagten ihnen, ich dürfe nie wieder angestrengt lernen, denn sonst könnte die Krankheit eventuell wiederkommen. So konnten sie meinen Wunsch, zur Bibelschule zu gehen, nicht verstehen. Dies ging sogar soweit, nachdem ich mich nicht hatte irritieren lassen, daß sie mich baten von zu Hause wegzugehen. Ich fand jedoch Aufnahme in der Bantigue-Familie und Pastor Edgar und seine Frau wurden wie Eltern für mich.

Nach diesem ersten Jahr in der Bibelschule setzte ich das Studium für ein Jahr aus. Ich fing an, Klavierunterricht zu nehmen und übernahm die Leitung der Jugend in unserer Kirche. Doch dann ging ich noch einmal für zwei Jahre zur Bibelschule, diesmal jedoch in die der ›Christ Faith Fellowship‹. Diese Schule stand damals unter der Verantwortung von Missionar Friederich Lückhof, der schon seit längerer Zeit auf den Philippinen war, um diesen Arbeitszweig der Odenwälder Heidenmission e.V. zu leiten.

Ich war eine von fünfzehn Schülern und bekam die Aufgabe, die Lobpreis- und Anbetungszeit in der Gemeinde durchzuführen. Meine Zeit in dieser Schule war sehr gut und ich blicke gerne darauf zurück. Jedoch gab es auch immer wieder einmal Probleme. Ich hatte niemanden, der mich regelmäßig unterstützt hätte. Um den Unterhalt in der Schule bezahlen zu können, mußte ich von morgens 5 Uhr bis 9 Uhr im Reisfeld arbeiten. Gleich danach fing dann der Unterricht an und das hieß, für mehrere Stunden auf der Schulbank zu sitzen. Nicht selten bekam ich Schwierigkeiten mit der Konzentration, und von Zeit zu Zeit bin ich sogar eingeschlafen, was mir jedoch sehr peinlich war.

Gott stand jedoch treu zu mir, auch als es finanziell nicht besonders gut für mich aussah. Ich hatte keinen Pfennig mehr. Am übernächsten Tag mußte ich meinen wichtigen Bericht zur Korrektur abgeben, aber ohne Papier und Schreibzeug war mir dies nicht möglich. Auch meine privaten Dinge, wie Zahnpasta und Seife, gingen dem Ende entgegen.

In der Nacht lag ich für etwa zwei Stunden betend in meinem Bett. Ich wußte, Gott würde mir irgend wie helfen, und so bat ich nicht um die Dinge, die ich so nötig brauchte, sondern dankte und lobte ihn dafür, daß ich sie bekommen würde.

Am nächsten Morgen mußte ich zum Markt gehen, um Lebensmittel für die Schule einzukaufen. So machte ich mich auf den Weg, um im Missionsbüro das nötige Geld dafür zu holen. Pastor Friederich Lückhof gab es mir. Ich wollte gerade wieder gehen, als er mich noch einmal zurück rief. Er sagte: »Ich fühle in meinem Herzen, daß du dringend Geld brauchst, weil du nichts mehr hast.«

Und er gab mir 50 Pesos in die Hand. Ich wollte das Geld erst gar nicht nehmen, denn ich schämte mich ein wenig. Doch daraufhin sagte er mir, daß er schon am Abend zuvor empfunden habe, daß jemand da wäre, der finanzielle Hilfe bräuchte und er habe ernsthaft gebetet, damit Gott ihm doch diese Person zeigen möge. Als ich dann das Haus betreten hatte, wußte er sofort, daß ich die betreffende Person bin.

Wie ich erfuhr, so waren diese 50 Pesos sein letztes persönliches Geld gewesen, jedoch auch exakt die Summe, die ich gerade so dringend gebraucht hatte. Wieder einmal wurde mir klar, daß Gott mich nicht verlassen noch versäumen würde. Mit Tränen der Freude lief ich eilends zum Markt.

In der Bibelschule machte ich die Erfahrung, daß Gott manches Mal ganz speziell in Träumen und Visionen zu mir sprach. Ich wollte so gerne zu Menschen gehen, die seine Liebe besonders brauchten, und so bat ich ihn, mir doch zu zeigen, wo ich diese Menschen finden könnte.

Auf dieses Gebet hin hatte ich einen Traum, in dem ich deutlich ein Haus mit der Nummer 307 sah. Am Morgen ging ich los, um dieses Haus in unserer Stadt zu finden. Es dauerte eine Weile und plötzlich stand ich vor einer Pension für Studentinnen, welche die Hausnummer 307 hatte. Man ließ mich ein und schon nach kurzer Zeit fing ich an, den sechzehn Mädchen von der Liebe Jesu zu erzählen. Es war nicht selbstverständlich, daß sie mir so aufmerksam zuhörten, denn zuvor waren schon Leute von den verschiedensten Religionen zu ihnen gekommen, worüber die Mädchen sich jedoch nicht besonders gefreut hatten und eigentlich entschlossen waren, niemanden mehr einzulassen.

Vom Geist Gottes bewegt sprudelten die Worte aus mir heraus und plötzlich sah ich, wie sich die Augen der Mädchen mit Tränen füllten. Alle sechzehn nahmen an diesem Tag den Herrn Jesus als ihren persönlichen Erretter an. Dieses Erlebnis hatte mich tief mit Freude erfüllt und glücklich ging ich am darauffolgenden Sonntag zum Gottesdienst.

Als ich gerade auf dem Weg nach vorne zum Pult war, um die Anbetungszeit zu leiten, hatte ein anwesender amerikanischer Missionar ein besonderes Wort von Gott für mich. Er sagte, daß Gott mich für einen speziellen Dienst gebrauchen würde und durch Visionen und Träume sollte ich seine Führung erkennen. Ich würde einmal Dinge predigen und lehren, von denen ich nichts in der Bibelschule gelernt hätte.

Nach meinem Abschluß an der Schule öffneten sich viele Türen für mich, um mein Gemeindepraktikum zu absolvieren. Doch ich entschied mich, als Lehrerin an der Bibelschule zu bleiben. Da jedoch die Gebäude durch einen Taifun zerstört worden waren (siehe auch Artikel: Taifun Nitang), zog die gesamte Schule zur Insel Samar um. Dort hatten wir von einer amerikanischen Missionsgesellschaft verschiedene Gebäude und ein schönes Stück Land zur Verfügung gestellt bekommen.

Gegen Ende dieser Praktikumszeit fing ich an, den HErrn zu fragen, wie es nun für mich weitergehen sollte. Viele Male verbrachte ich Stunden in den Bergen, um dort mit Gott alleine zu sein. Dort sah ich vor meinem geistigen Auge unzählig viele Menschen, die auf dem Weg zur Hölle waren. In mir verlangte es, diese Menschen festzuhalten, sie aus dem Verderben herauszureißen; und so verbrachte ich auch viele Stunden in der Fürbitte.

Am 14. Januar, es war mein 22. Geburtstag, gab Gott mir einen Traum. Ich konnte mich in einer großen Stadt sehen. Dort traf ich eine weiße Frau, die ich sehr klar und deutlich sehen konnte, so als würde sie tatsächlich vor mir stehen. Diese Frau half mir in ein Auto und befestigte den Sicherheitsgurt für mich. Ich schaute auf und sah viele verschiedene Hinweisschilder, die ich aber nicht lesen konnte. Als ich aufwachte und über diesen Traum nachdachte, verstand ich seine Bedeutung nicht und so wartete ich, bis Gott mir zur rechten Zeit die Erklärung dafür geben würde.

Eines Tages kam eine amerikanische China-Missionarin in unsere Schule. Man hatte sie eingeladen, um über Mission zu unterrichten. Ich war eine der letzten, die sie begrüßte und, wie ich später erfuhr, fühlte sie in diesem Augenblick, daß sie mich mit nach China nehmen sollte.

Diese Missionarin konnte die ganze Nacht nicht schlafen, so sehr beschäftigte sie dieser Eindruck. Am nächsten Tag sprach sie mit den Verantwortlichen der Schule darüber. Und unabhängig davon, genau zu demselben Zeitpunkt, fragte mich Pastor Friederich Lückhof, ob ich mir vorstellen könnte, als Missionarin nach China zu gehen. Er weiß bis heute selbst nicht, warum er mich dies gefragt hat, denn er hatte nicht ein Wort mit der China-Missiona-rin darüber gesprochen und wußte auch nichts von ihren Gedan-ken.

Noch am selben Tag stellte mir die Missionarin die gleiche Fra-ge. Ich betete darüber und sagte am nächsten Tag zu. In mir war eine vollkommene Ruhe über diesem Entschluß und ich fing an, meine Sachen zu packen.

In meiner Heimatstadt angekommen, berichtete ich meinen El-tern, mit denen ich doch wieder ins Reine gekommen war, von der bevorstehenden Reise nach China. Sie hatten keinerlei Einwände und so bereitete ich alle meine Papiere vor. Die Woche verging sehr schnell und ehe ich mich versah, saß ich im Flugzeug, das mich nach Hong Kong bringen sollte.

***

Adela ging dann nach Rot-China, wo sie etwa drei Jahre lang im Untergrund für das Evangelium arbeitete. Sie erlebte wunderbare Führungen und Bewahrungen, aber auch wie sich Menschen zu Je-sus bekehrten. Die Missionare Randolf und Britta Wetzel konnten sie sogar dort besuchen. Kurz vor dem Massaker auf dem ›Platz des himmlischen Friedens‹ in Peking war Adela wieder auf die Philippinen zurückgekehrt. Das vorstehende Zeugnis und über ihren Einsatz in China kann man im dem Büchlein von Britta Wet-zel nachlesen: ›ADELA-Gott sandte mich nach China‹ (Verlag Pe-ter Assmus D-64658 Fürth-Erlenbach).

EIN HERZ FÜR DIE MISSION

Odenwälder Heidenmission e.V. auf den Philippinen
seit 1974.
Von Peter Assmus

Die ersten Aktivitäten der Odenwälder Heidenmission auf den Philippinen gehen in das Jahr 1974 zurück. Damals nahm sie den Missionar Dankfried Spindler in ihre Organisation auf. Er arbeitete bereits seit Jahren in Indonesien, aber inzwischen auch schon seit etwa 1971 auf den Philippinen. Er war uns seit einigen Jahren bekannt, nahm auch an den Missionskonferenzen im Odenwald teil, und verschiedene Umstände ergaben dann seinen Eintritt in unsere ›Missionsfamilie‹.

Wir stellen an den Anfang dieses Kapitels einen Bericht von Missionar Spindler von 1974, den wir in unseren Akten gefunden haben und der etwas davon verspüren läßt, was es heißt, Pioniermission zu leisten. Der Artikel ist überschrieben:

DER GROSSE INSELEINSATZ ZU VIER INSELGRUPPEN

»Ein ganzes Jahr lang wurde für diesen Dienst gebetet. Dreieinhalb Monate bevor wir auf die Reise gingen, begannen wir mit den ersten Vorbereitungen. Wenige Tage vor der Abfahrt sah mein Zimmer wie ein Laden aus. Glaubensgeschwister, die uns beobachteten, sagten: ›Ihr rüstet euch wohl für eine Expedition?‹ Es war ein einzigartiges Erlebnis, der Höhepunkt meines ganzen bisherigen Lebens und Dienstes im Reich Gottes.

Montag, der 11. Februar 1974 wird daher auch unvergeßlich für mich sein. Noch bis in die letzten Minuten hinein mußten Vorbereitungen getroffen werden. Die Sonne stand freundlich am blauen Himmel und lächelte uns an, während wir mehr oder weniger nervös am Kai standen, direkt vor unserem Boot, um die letzte Fracht an Bord zu nehmen.

Frans Schadee aus Holland, unser lieber Bruder und Freund, schaute prüfend über die Ausleger und Überdachung hinweg. Dann wurden unsere Plätze angewiesen und langsam legte das wie eine Dschunke gebaute Boot vom Anlegeplatz ab. Wir erreichten kurz vor dem Mittag die Süd-Bohol-Insel Pamilacan, auf der Missionar Schadee bereits angekündigt war und erwartet wurde.

Schnell kochten wir am Strand, unter dem Schatten einiger Kokospalmen, unser Essen. Am Abend versammelte sich die kleine Gemeinde zum Gottesdienst. Der nächste Morgen brachte schon die erste unwillkommene Überraschung. Wind und Regen machten den Ausblick auf das Meer unmöglich. Die Wellen gingen hoch. Konnten wir es trotzdem wagen, weiterzufahren? Kein Fischer wagt sich bei einer Wetterdepression hinaus. Aber der HErr sprach zu Bruder Frans, daß wir abfahren sollen. Wir gehorchten und nahmen bewegt von den Gläubigen Abschied, die uns bis hinunter zum Boot geleiteten.

Man muß so etwas selbst erlebt haben, um ermessen zu können, was es vor allen Dingen für die Bootstechniker bedeutet, unter solchen Umständen mit sicherer Hand zur nächsten Insel zu steuern, denn es geht ja über Wellenberge.

Nach einer aufregenden Fahrt brachte uns der HErr sicher auf die kleine, völlig abgelegene Insel Balicasag. Noch am selben Abend verkündigten wir in einem überfüllten Haus die Botschaft des auferstandenen Christus. Unvergeßlich wird uns allen der nächste Morgen bleiben. Es kam eine so große Zahl aufgeschlossener Menschen, um Gottes Wort zu hören, so daß viele keinen Platz mehr fanden. Kurz entschlossen sagte der Leuchtturmwächter: ›Laßt uns in das Leuchtturmbüro hinaufgehen!‹ Es wurde ein historischer Gottesdienst. Kannst du dir einen Gottesdienst im Leuchtturm vorstellen? –

Am Nachmittag hatte sich das Wetter ein wenig gebessert. So konnten wir über Tagbilaran zu den West-Bohol-Inseln weiterfahren. Am 14. Februar stießen wir dann zum zweiten Mal von Tagbilaran ab und besuchten die ersten drei Inseln im Westen Bohols mit den Namen Sandingan, Cabilau und Pangangan. Bis hierher kannten wir die Inseln und waren vertraut mit Menschen, die uns von vorigen Einsätzen schon kannten. Jetzt aber lag Neuland vor uns.

Wir starrten auf die vor uns liegende Insel Mantatao. Was würde uns wohl begegnen? Würden sie uns aufnehmen? Die Sonne war schon fast am Untergehen. Jedoch der Bürgermeister zeigte sich freundlich, und rasch hatten wir die Lautsprecheranlage und alle nötige Ausrüstung aus dem Boot und unter Palmen aufgebaut. Dann tönte auch schon unser Evangeliumslied in die Nacht. Menschen – Junge, Alte und viele Kinder – kamen und scharten sich unter das Wort. Unser einheimischer Evangelist Ernesto Felicio (heute einer der Vorstandsmitglieder der ›CFF Philippines‹) machte die Einleitung. Doding sang in seiner schönen Tenorstimme. Dann sprach zuerst Bruder Frans. Aufmerksam lauschten die Menschen.

Die Botschaft, die uns Gott gab, war für jede Insel gleich: ›Jesus Christus kommt bald wieder. Bist du bereit?‹ Nach dem Altarruf beteten wir für die vielen Kranken. Das Elend auf den kleinen Inseln ist unbeschreiblich. Sogar Trinkwasser ist rar.

Früh am nächsten Morgen kamen die Mütter mit Plastiktüten und Beuteln. Wir hatten etwas für sie. Kondensmilch, Mais, Vitamin- und Wurmtabletten wurden von unserem Team verteilt.

Danach ging es auf die Insel Bilangbilangan Nr. 1, ein winziges Eiland mit vierzehn Familien, die wir bereits einmal vor zwei Jahren besucht hatten. Der Älteste der Insel konnte sich noch gut an uns erinnern und begrüßte mich voller Freude. Seine Frau erzählte mir, daß sie in der Bibel liest, die ich ihnen damals als einzigstes Exemplar auf der Insel gelassen hatte.

Nach der Freiversammlung, bei großer Sonnenhitze, ging es nach der Ortschaft Tubigon auf die große Insel Bohol, denn wir mußten einkaufen. Auf kleinen Inseln kann man so gut wie gar nichts kaufen.

Danach erreichten wir vor Dunkelheit gerade noch die nächste Insel Pangapassan. Sofort, nachdem wir das Boot verlassen und eine Genehmigung eingeholt hatten, schickten wir uns an, die Versammlung durchzuführen. Während wir sangen und predigten, kochte uns Bruder Doding ein schmackhaftes Abendessen. Wie dankbar sind wir alle für die guten Knorr-Suppen aus Deutschland!

Am nächsten Morgen wieder strömender Regen. Es ist Sonntag. Wir halten den Gottesdienst in einer Schule. Die Klasse ist voll von Kindern, Jugendlichen und Erwachsenen. Am selben Tag die-

Missionar Torsten Henschke mit dem Evangeliumsboot »March of Faith« und seiner Mannschaft.

Missionar Frans Schadee aus Holland nahm 1974 am Inseleinsatz teil.

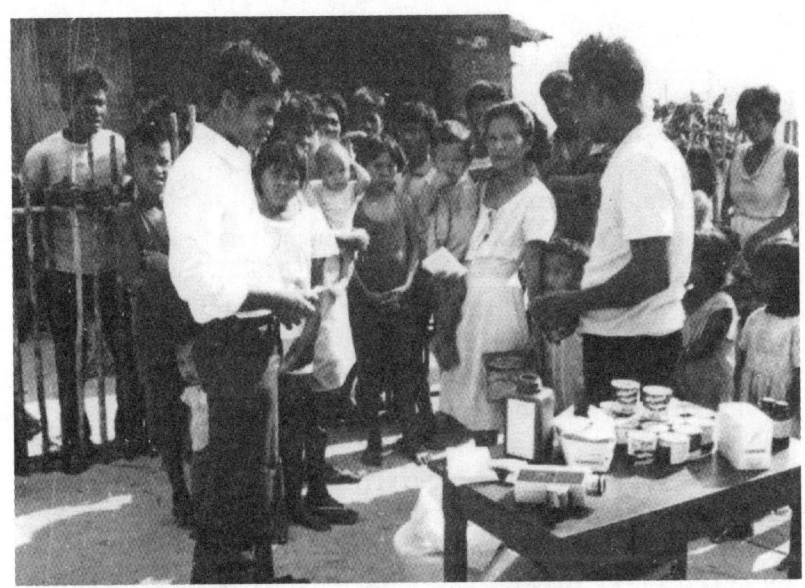

Überall wurde Evangelium verkündigt. Aber die Menschen wurden auch mit Medikamenten, Kleidung und Nahrungsmitteln versorgt.

Hier Dankfried Spindler mit Kindernahrung.

203

nen wir dann noch auf den Inseln Hambungan und Banacon. Auf der letzteren bekamen wir ein unvergeßliches, herzliches Willkommen. Es ist auch die Insel, die ich als ›Elends-Insel‹ bezeichnen würde, so viel unbeschreibliche Not kam uns dort entgegen. Weiter geht es zur Insel Jau. Ich stehe ganz vorn auf dem Boot und bitte Gott, uns zu einem Dorf zu bringen, in dem das Evangelium noch nicht bekannt ist. Wir legen an. Die Leute bitten uns, nachdem sie den Grund unserer Ankunft erfahren haben, ihnen die Botschaft von Jesus zu sagen und sie versichern uns, diese noch nie zuvor gehört zu haben. Überall verteilen wir dann Traktate und Evangeliumsschriften. Wir sehen zu, daß wir trotz Bibelknappheit mindestens eine Bibel oder ein Neues Testament auf jeder der kleinen Inseln lassen.

Unsere Augen gleiten über die vielen Inseln im Westen von Bohol bis hinüber zur Nord-Bohol-Gruppe. Schnell reisen wir weiter, denn wir wollen unsere Gemeinde auf Lapining Grande noch am selben Tag erreichen. Diese Insel mit allen unseren Glaubensgeschwistern und Mitarbeitern dort ist der geeigente Brückenkopf für die gesamte Arbeit auf der Nord-Bohol-Inselgruppe. Damit ist auch gleichzeitig die erste Etappe unseres Einsatzes zum Abschluß gekommen.

Das Boot liegt leer am Strand und wird innen gründlich gesäubert. Am Abend versammelt sich die ganze Gemeinde. Vicente Sinsano, der Ex-Pirat und ehemalige Bandenchef (siehe auch das Kapitel PAGAO), der er außerhalb und innerhalb des Gefängnisses war, gibt sein markantes und ergreifendes Zeugnis. Dann spricht noch Bruder Frans, der Holländer, der dann auch von uns Abschied nehmen muß, um über Hongkong nach Holland zurückzukehren.

Nun beginnt mit dem neuen Team die Arbeit auf der Nord-Inselgruppe. Wir dienen auf der Insel Bantigue und fahren dann nach Hinudhangan. Weiter geht es nach Bilangbilangan Nr. 2 (eine Insel mit zwei Dörfern, auf der wir heute eine größere Gemeinde haben) und nach Noc-Nocan. Hier sind die Menschen derart von der Botschaft schockiert, daß sich nach der Versammlung niemand wagt, uns näher zu kommen. Wenn man in der Sünde verharren will, dann kann es keine Gemeinschaft geben. Auch auf der Insel Kataban herrscht große Finsternis. Doch gibt es bereits Ansätze zu einer Gemeinde. Wir besuchen den Pastor der kleinen Gruppe und unterstützen seinen Dienst durch eine Freiversammlung am Abend.

Tag für Tag reisen wir von Insel zu Insel und sammeln viele Erfahrungen. Am Sonntag sind wir dann wieder zurück auf Lapining Grande zum Gottesdienst. Am Nachmittag haben wir dort die Taufe neubekehrter Menschen im Meer. Der nächste Tag bringt uns zu anderen Plätzen auf der großen Insel. Am späten Nachmittag jedoch erreichen wir dann die Insel Tilmobo. Dort befindet sich das Hauptquartier der Magier-Sekte der ›Rubeniten‹. Gott ordnet alles wunderbar. Mit großer Kraft dürfen wir am Abend hier das volle Evangelium von der Erlösung in Christus Jesus verkündigen. Unmittelbar nach dieser evangelistischen Versammlung reisen wir hinaus in die Nacht. Es geht auf die weite Fahrt zur großen Insel Leyte.

Frühmorgens erreichen wir die Stadt Maasin (heute gibt es dort eine Gemeinde), wo wir wieder einkaufen können, um unsere Vorräte aufzufüllen. Dann fahren wir weiter zu der langgestreckten Insel Panaon, wo wir bereits viele Gemeinden und Außenstationen haben.

Todmüde erreichen wir das Dorf Son-ok. Der nächste Tag wird ein Ruhetag. Wir müssen uns einmal richtig ausschlafen. Am Abend jedoch versammeln wir uns in der schönen ausgebauten Steinkirche. Vom nächsten Tag an besuchen wir Gemeinden und Außenstationen an der Westküste der Insel. Das Wetter bleibt schlecht. Trotzdem wagen wir uns bei dem hohen Wellengang auf die Ostseite. Dort werden wir schon sehnsüchtig von den Gläubigen erwartet. An jenem Abend ist fast das ganze Dorf auf den Beinen um das Evangelium zu hören.

Das Wetter hat sich dann auch am kommenden Tag nicht geändert. Trotzdem stechen wir erneut in See. Im Schutz eines anderen Bootes fahren wir eine Zeit lang in Richtung Mindanao zur Stadt Surigao. Wir müssen diesen Umweg machen, weil wir nur hier wieder in der großen Stadt Lebensmittel und auch Benzin und Motoröl kaufen können. Aber von jetzt an ist es uns noch mulmiger zumute. Noch nie zuvor war jemand von unseren Leuten auf der Surigao-Insel gewesen. Wir kennen sie nicht. Auch dort ist das Gebiet der schon erwähnten ›Rubeniten‹. Ein gewisser Ruben ist ihr ›Meister‹. Er ist von Beruf sowohl Magier als auch Politiker. Ernesto Felicio steuert an vielen kleinen Inseln vorbei. Gegen Abend sichtet er die Insel Somilu. Es ist fast dunkel als wir anlegen. Erfreulich ist der freundliche Empfang auf dieser winzigen und total isolierten Insel. Dann stehen wir auch schon vor dem Mikrophon und singen in der Cebuano-Sprache das Lied von der vergebenden Liebe Gottes. Noch nie zuvor hat jemals ein Bote Jesu hier das Evangelium verkündigt. Auch hatten die Menschen hier noch nie einen ›Weißen‹ gesehen. Doch ihre Freundlichkeit und Offenheit war erstaunlich. Sie baten uns, wieder zu kommen und geben uns ihre Adressen. Nachts schlafen wir zufrieden und gut beim Bürgermeister im Haus.

Am anderen Tag gibt es zum ersten Mal eine Panne. Wir haben die Insel Cabilan angefahren und ahnen, daß es hier von Rubeniten nur so wimmelt. Ich versuche mich unbefangen mit einigen von ihnen zu unterhalten, während Ernesto zum Erkunden der Lage tiefer in die Insel hineingeht – und nicht wiederkommt. Angst beschleicht mich. War es nicht unvorsichtig, ihn allein gehen zu lassen? Wenn jetzt etwas passiert ist? Nach langer Zeit kommt er sinnend zurück und gibt uns Anweisung, weiterzufahren. Es hat keinen Zweck hier zu bleiben. Die ganze Insel ist voller Rubeniten, auch der Bürgermeister gehört zu ihnen. Also müssen wir weiter, ohne hier das Evangelium gepredigt zu haben. Doch der HErr belohnt uns. Noch am selben Tag können wir auf drei anderen kleinen Inseln dienen. Auf der Insel Banag haben wir sogar eine sehr große und aufmerksame Zuhörerschaft. Viele waren begierig Gottes Wort zu hören.

Dann geht es weiter auf die große Insel Dinagat. Wir dienen in den verschiedenen Dörfern, auch unter Rubeniten. Aber hoch oben im Norden fanden wir auch Christengemeinden, die sich über unser Kommen freuen. Mit großer Herzlichkeit nehmen sie uns wie alte Freunde auf und sorgen für uns. In dem Dorf Quezon passiert etwas Ungewöhnliches. Da wir ständig unter Zeitdruck stehen, können wir nicht bis zum Sonntag in der Gemeinde bleiben. So trommeln die Gemeindeältesten die Gläubigen am Freitagmorgen zum Gottesdienst in ihrem schönen Kirchlein zusammen und wir haben eine sehr gesegnete Zusammenkunft. Unvorstellbar für deutsche Verhältnisse.

Damit ist dann bereits auch die 3. Etappe unseres Einsatzes beendet. Wir stehen vor dem nächsten Abschnitt. Nun soll es zu den Samar-Inseln über den offenen Ozean gehen. Wir können immer nur von einem Tag auf den anderen unsere Reiseplanungen machen, denn das Wetter ist immer noch schlecht.

In Quezon merken wir am Strand bereits etwas von den hohen Wellen des Pazifik. An jenem Nachmittag kommen wir nur bis zur Ortschaft Tabunjon. Wegen des hohen Wellengangs können wir noch nicht nach Hibuson übersetzen. Das Boot liegt am Kai. Ich liege im Schiff und bin entmutigt. Kommen wir überhaupt mit unserer ›kleinen Nußschale‹ über den Ozean? Ein schönes, stabiles Schiff ist direkt uns gegenüber eingelaufen. Wir beobachten die aussteigenden Leute. Ein Mann mustert unser Boot und stellt sich direkt vor die Spitze. Dann starrt er uns an. Immer und immer wieder tut er das. Ich frage mich: Warum? Doch mein Herz ist mit anderen Gedanken beschwert.

Zunächst schlafen wir alle einige Stunden. Am nächsten Morgen schleichen wir uns in der Dämmerung aus der Bucht. Die Wellen sind noch nicht hoch. Also los – in Jesu Namen!

Es ist wieder einmal eine spannende Fahrt, aufregend und interessant, gefährlich und doch schön. Das Schlimmste sind immer die Strömungen, die wir ja auch nicht kennen. Doch Gott bringt uns durch diese Strömung. Und dann schießt das Boot auch schon dem Strand der Insel Hibuson entgegen.

Manche Inselbewohner beobachten unser Landemanöver vom Strand aus. Als wir dann aussteigen reicht uns ein Mann herzlich und warm die Hand. Es war derjenige, der uns am gestrigen Nachmittag auf der Insel Dinagat so angestarrt hatte. Er ist ein Gotteskind und Glied der Christengemeinde auf Hibuson. Andere Christen grüßen uns am Strand. Wir sind wohlbehalten bei einer der ältesten Inselkirchen der Visayas gelandet, und auch hier ist die Freude und das Erstaunen groß.

Wir benötigen ihre Hilfe, denn von nun an können sich auch unsere Brüder, die wir mitbrachten, in ihrer Cebuano-Sprache nicht mehr mit den Leuten verständigen. Man spricht hier eine andere Sprache, es ist Samareno. Im Sonntagsgottesdienst unterrichten wir die Gemeinde über unser Problem und bitten um einen Übersetzer. Spontan ist einer der Brüder bereit, die gewagte Reise mitzumachen. Am Abend stehen wir dann auf dem großen Marktplatz zusammen mit dem Gemeinde-Chor und verkündigen die Botschaft der Wiederkunft Jesu zu einer großen Volksmenge.

Ab jetzt beginnt die letzte und gefährlichste Etappe. Immerhin, das Wetter hatte sich bis Montagfrüh etwas gelichtet. Wiedereinmal strahlt uns die Sonne an, als wäre sie nie weggewesen.

Nach drei Stunden Fahrt erreichen wir die historische Insel Humonhon, die erste Insel der Philippinen, auf der Magellan, der portugiesische Entdecker, vor Jahrhunderten im Auftrag des spanischen Königs landete. Wie enttäuscht war ich allerdings, als das Boot langsam in eine kleine Buch hineinfuhr und bei dem Dorf Canawayon anlegte. Ich dachte, jetzt sind wir wirklich am Ende der Welt angekommen. Hier war es so ruhig, so abgeschieden und so still. Man sah kaum einen Menschen in diesem ›Dorf‹. Doch auch hier durften wir dann vornehmlich jungen Leuten das Evangelium verkündigen, bevor wir am Nachmittag zur anderen Seite der Insel fuhren, wo ein größeres Dorf bereit war, das Evangelium zu hören. Diese Samareno's sind ein ganz anderer Menschenschlag. Viel lauter und ungebärdiger als die Cebuano's. Wir waren hier sehr dankbar für Bruder Delfin von Hibuson, der einen sehr guten Übersetzerdienst leistete.

Immer wieder studieren wir die Karte. Jetzt müssen wir zur Insel Manicani weiterfahren. Jedoch kein Gedanke daran. Der Wellengang ist so stark, daß wir nicht an die Insel herankommen. Es ist wahrlich ein Wunder Gottes, daß die Motoren ausgehalten haben und auch das Boot selbst.

Ernesto und Doding leisten Übermenschliches mit manchmal letzter Kraft. In diesem Kampf gegen den Wind und die Wellen reift die Entscheidung, direkt die Insel Guiuan anzusteuern. Auch über dieses Unternehmen hält Gott seine wunderbar bewahrende Hand. Erschöpft aber glücklich fahren wir in den Hafen ein. Keiner von uns ahnt, daß jetzt der Höhepunkt des ganzen, langen Insel-Einsatzes gekommen ist.

Hatten wir doch manches Mal in schwierigen Situationen gemurrt. Daran denke ich nun, als Pastor Sumulat meine Hand nicht mehr los läßt und mir sagt: ›Letzte Woche habe ich unter Tränen zu Gott geschrien: Sende mir einen Mann, der mit mir auf die Insel Samar fährt. Ich habe kein Evangeliumsboot. Nun bist du der

Mann, den mir der HErr geschickt hat.‹ Bewegt und beschämt schaute ich ihm in die Augen, dann auf den Boden. Wie groß ist unser Gott! Wir kannten Pastor Sumulat nicht, noch wußte er etwas von uns oder von unserem Kommen.

Jetzt geht es zu den Samar-Inseln. Wir lugen vom Boot aus zwischen den Inseln Guian und Calicoan hindurch und sehen die haushohen Wellen der Ostküste von Samar. Unmöglich sich mit unserem Boot dorthin zu wagen! So machen wir Pläne für das kommende Jahr. ›Die Inseln warten auf das Gesetz,‹ rief schon der Prophet im Alten Bund. Jetzt können wir vorerst nur noch die Rückkehr nach Bohol planen, jedoch über zwei andere Inseln. Es gelingt uns noch, nach Manicani zu kommen. Es ist die letzte Chance für einen evangelistischen Dienst während dieser Reise. So bete ich still: ›HErr, laß diese Versammlung die beste werden!‹ Wir wurden auf die Probe gestellt. Doch Jesus bleibt Sieger! Es wurde wirklich die herrlichste Freiversammlung des ganzen Einsatzes. Das ganze Dorf nahm daran teil. Die Menschen waren so hungrig nach dem gedruckten Wort Gottes, daß sie förmlich um Traktate und Literatur ›kämpften‹. Am nächsten Morgen traten wir dann die Rückkehr an und trafen nachts, am 16. März 1974, wieder in Tagbilaran ein.

Insgesamt konnten wir in diesen 33 Tagen unserer Bootsreise auf 34 verschiedenen Inseln und in 46 verschiedenen Dörfern und Ortschaften dienen. Darunter gab es Inseln, auf denen die Menschen nie zuvor das Evangelium gehört hatten. Niemals zuvor wurde hier ein solcher umfassender missionarischer Einsatz während einer Reise mit einem Boot auf dem Meer unternommen. Auf 32 Inseln baten uns die Menschen, wiederzukommen. Wir konnten Kindernahrung und andere Hilfsmittel verteilen. Ich danke meinem himmlischen Vater für alles wunderbare Führen und Leiten während dieser ganzen Zeit. Alle Ehre und aller Ruhm gebührt IHM und unserem Herrn Jesus Christus, der ›über alle Inseln herrschen soll‹ (Psalm 97,1).« –

***

Man kann es nicht leugnen. Missionar Dankfried Spindler hatte in der Tat ›ein Herz für die Mission‹. Wir bedauerten sehr, daß er dann im Jahr 1981 als Missionar ausgeschieden ist und auch nicht mehr auf die Philippinen reisen konnte.

Nach 1974 wurde die Missionszentrale auf den Philippinen nach Surigao City verlegt. Von hier aus gab es die Einsätze zu den Inseln. Aber auch die Arbeit unter dem Urstamm der Mamanwa wurde von dort aus geleitet. Während Missionar Spindler auf den Philippinen arbeitete, konnten wir gemeinsam mit ihm ein Kinderheim in San Carlos City auf Negros unterhalten. Auch das Gebäude wurde durch seine Initiative gebaut. Später mußten wir das Heim an eine andere philippinische Gruppe abgeben und eröffneten ein neues Kinderheim in Surigao City. Von da an traten auch Pastor Edgar Bantigue und seine Frau Edna zum erstenmal in unser Blickfeld. Pastor Edgar war Evangelist (siehe das Kapitel ›Errettet, befreit, ein neuer Mensch‹), der zuvor viele Gemeinden auf kleinen Inseln gegründet hatte, ab jetzt aber mit seiner Frau die Leitung des Kinderheims in Surigao City übernahm.

Nachdem Dankfried Spindler die Missionsarbeit niedergelegt hatte, konnte die Odenwälder Heidenmission die Leitung der Philippinen- Mission dem jungen Missionar Stefan Ross übertragen. Etwa drei Jahre lang leistete er eine vorbildliche Arbeit. Zu seiner Zeit ordnete er die gesamte Missionsarbeit auf den Philippinen neu und teilte sie in Distrikte ein. Zu der Zeit war auch Missionar Torsten Henschke schon einige Jahre auf den Philippinen tätig. Während Stefan Ross von Surigao City aus die Missionsarbeit leitete, war Trosten Henschke im Wesentlichen in Cebu City. Dort hielt er Seminare, machte Radiosendungen, errichtete eine Druckerei und fing an, eine Gemeinde in der Stadt aufzubauen.

Nachdem dann 1982 Missionar Stefan Ross einem anderen Ruf Gottes folgte und eine Gemeinde in Müllheim/Baden übernahm, der er bis heute immer noch vorsteht und die in den Jahren seines Dienstes sehr gewachsen ist, mußten wir einen anderen Leiter für die schnell wachsende Arbeit auf den Philippinen finden.

Seit etwa zwei Jahren war nun auch der junge Missionar Friederich Lückhof auf den Philippinen. Da er mit Missionar Stefan Ross anfänglich zusammenarbeitete, lag es nun nahe, ihm die Leitung zu übertragen. Zwar war er damals noch sehr jung und hatte noch keine große Erfahrung. Es blieb der Missionsleitung in Deutschland jedoch keine andere Wahl. Er arbeitete sich gut ein

Große Mehrzweckhalle der Bibelschule, die mehreren hundert Leuten Platz bietet.

In diesem Haus wohnen die männlichen Bibelschüler.

Hier befindet sich die Verwaltung der Bibelschule und die Bibliothek.

In diesem Haus wohnt der Schulleiter mit seiner Familie. In der oberen Etage sind die weiblichen Bibelschüler untergebracht.

Im Wohnzimmer mit Missionarin Britta Wetzel und den Missionsvorstandsmitgliedern Siegfried Schreiber und Peter Assmus (März 1997).

Eines der beiden kleinen Häuser, in denen Lehrerfamilien wohnen.

Überall auf dem Bibelschulgelände gibt es schöne Anlagen, aber auch Gärten, Reisfelder und Obstbäume.

*Pastor Rogelio Acompanado und seine Frau sind die Leiter und Hauptverant-
wortlichen für die Bibelschule ACTs auf der Insel Samar.*

*Jeden Morgen vor dem Unterricht gibt es eine ausgedehnte Zeit für Gebet und
Lobpreis.*

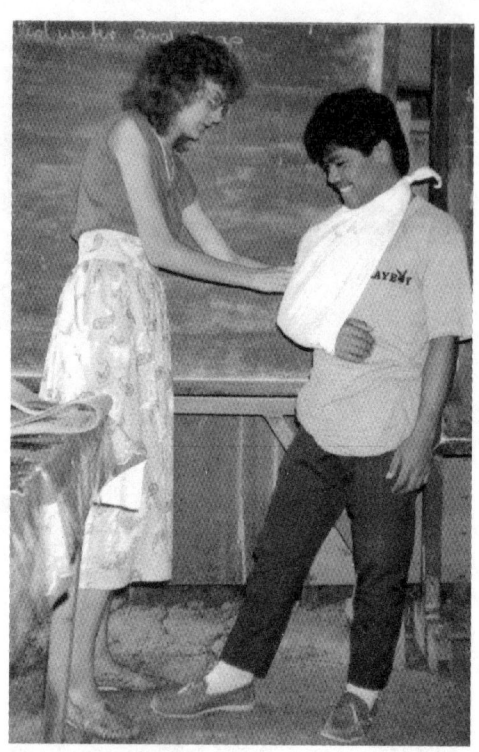

Es gibt auch praktische Belehrungen wie hier in »Erste Hilfe«. Natürlich geht es dabei lustiger zu wie im Ernstfall.

Krankenhaus und Ärzte gibt es erst in der nächsten Stadt. Unfälle sind nicht selten. Es ist wichtig, dass alle wissen, was bei einer Notversorgung zu tun ist.

216

Missionsleiter Peter Assmus wird hier von seiner Tochter Britta Wetzel über-
setzt. Er war Gastredner bei der Pastorenkonferenz 1993 auf der Bibelschule
in Samar.

Gruppenbild der philippinischen CFF/OHM-Pastoren und Evangelisten im
Frühjahr 1993.

Tanja Assmus darf hier 1987 auf dem bibelschuleigenen Wasserbüffel mitreiten.

und schon bald konnten wir mit großer Zufriedenheit auf seine Arbeit blicken.

1985 dann besuchte ich als Missionsleiter der Odenwälder Heidenmission (Peter Assmus) zum ersten Mal die Philippinen. Es war dies ein halbes Jahr nach dem verheerenden Taifun Nitang (siehe auch das Kapitel ›Taifun Nitang‹). So konnte ich noch die Reste der zerstörten, sich im Bau befundenen Bibelschule in Surigao City sehen. Das Kinderheim war nach dem Taifun in ein anderes, größeres Haus umgezogen. Jetzt lernte ich auch Edgar und Edna Bantigue kennen, welche das Kinderheim leiteten. Edgar war aber auch bereits zum Stellvertreter von Friederich Lückhof geworden.

1986 gingen dann auch Randolf und Britta Wetzel zum ersten Mal als Missionare auf die Philippinen. Sie halfen Friederich Lückhof in vieler Hinsicht in der Verwaltung, beim Herstellen von Fotoserien und Filmen, bei evangelistischen Einsätzen und in der Seelsorge.

1988 ergaben dann allerdings verschiedene Umstände das Ausscheiden von Missionar Friederich Lückhof aus der Odenwälder Heidenmission und somit auch aus dem philippinischen Zweig ›Christ Faith Fellowship‹. Im November dieses Jahres mußte ich außerplanmäßig auf die Philippinen fliegen. Jetzt war die Zeit gekommen, die Arbeit in einheimische Hände zu legen. Auch dazu hatten wir klare Weisungen Gottes in Deutschland erhalten, auch durch Visionen und Weissagungen. Wir leisteten Gehorsam und durften erkennen, daß ab jetzt ein gewaltiger Schub in der Arbeit auf den Philippinen festzustellen war.

Die Leitung der CFF-Philippines übernahm ab jetzt Pastor Edgar Bantigue zusammen mit einem einheimischen Vorstand und den Leitern der Distrikte, welche die gesamte Arbeit umfaßte. Randolf und Britta Wetzel blieben als Berater, als Verbindung zwischen der Zentrale in Deutschland und den Philippinen, sie lehrten auf der Bibelschule, machten Einsätze auf Inseln und in den Bergen und kümmerten sich auch um die jetzt häufigen Besuche von Missionsfreunden aus Deutschland, aber auch aus den USA, von Australien, Neuseeland und anderen Ländern.

Als ich 1985 zum ersten Mal auf den Philippinen weilte und auch einen Inlandsflug von Cebu City nach Surigao City hatte, konnte ich zum ersten Mal so richtig verstehen, wieso Missionar Dankfried Spindler Jahre zuvor so sehr bemüht war, den vielen kleinen Inseln die Botschaft von Jesus zu bringen. Ja, diese Aufgabe war ihm zu einer regelrechten Bürde geworden.

Ich saß im Flugzeug und hatte einen Fensterplatz. Da die kleineren Maschinen innerhalb der Philippinen nicht sehr hoch fliegen, konnte man unter sich im Meer die vielen kleinen Inseln auf unserer Flugroute sehr gut sehen. Dies bewegte auch mein Herz sehr und ich erinnerte mich an den Apostel Paulus, der gesagt hatte, daß er ›vornehmlich solchen Menschen die Botschaft bringen möchte, die zuvor noch nie von Jesus gehört hatten‹. Und so dachte ich bei mir selbst: ›Wieviele Menschen dort unten auf diesen kleinen, verlassenen Inselchen hatten wohl jemals vom Evangelium gehört?‹

Leider war in den letzten Jahren zuvor kein Evangeliumsboot mehr zu solchen Inseln unterwegs gewesen. Dies war mein großes Bedauern. (Warum es so war tut jetzt hier nichts zur Sache). Als wir aber 1988 die Arbeit ganz neu ordneten, war es eine meiner ersten Anordnungen von Deutschland aus, daß ein neues Evangeliumsboot gebaut werden soll. Dazu kam, daß eine Göttinger ›Ecclesia-Gemeinde‹ bereit war, die Kosten zu übernehmen. Diese Gemeinde hatte schon unter Dankfried Spindler ein Boot gestiftet.

Ein Jahr später, 1989 konnte die ›Göttingen II‹ in den Dienst gestellt werden. Mit beim ersten Einsatz waren außer Pastor Edgar Bantigue und einer philippinischen Mannschaft auch Randolf und Britta Wetzel, sowie die Brüder Ludwig Schneider und Rudi Schwarz von der Missionsgemeinde Heppenheim und Harald von Tottleben aus der Gemeinde Odenthal.

Bis heute konnten mehrere Inselgemeinden durch die Arbeit mit dem Göttingen-Boot gegründet werden, (siehe auch das Kapitel: Unsere Fahrt nach Mokabok).

Nachdem unsere Bibelschule in Surigao City 1984 vom Taifun Nitang hinweggeblasen war, durfte unsere CFF ein Schulgelände und eine Bibelschule auf der Insel Samar übernehmen. Zunächst stellte uns der amerikanische Missionar Reb dies alles kostenlos zur Verfügung, 1989 jedoch übergab er das große Gelände mit allen Gebäuden unserer Mission für einen ›symbolischen Betrag‹.

T'Boli-Gemeinde in Poblacion, South Cortabato, Mindanao.

Mit Gitarre und philippinischer »Maultrommel«. Randolf und Britta Wetzel halten in T'Boli einen Gottesdienst.

T'Boli-Frau beim Bibellesen.

Junge Gemeinde in Lamsiman.

222

Typisches Zupfinstrument der Eingeborenen.

Kleine Gemeinde in Katiaho, T'Boli.

Hier geht es durch den angeschwollenen Fluß nach Lamsiman.

Noch gibt es »Urwaldriesen« in den Wäldern von Mindanao – aber wie lange noch?

Nie hätten wir damals die Mittel gehabt, die mindestens 20 Hektar Land zu kaufen. Ein schöner Hügel, sowie zwei kleine Täler mit Reisfeldern und hinter allem der Anstieg zu einem größeren Berg, gehören dazu. Neue Gebäude konnten von uns dazu errichtet werden.

Inzwischen wurden mehr als 200 Studenten dort in zweijähriger Schulzeit ausgebildet. Die meisten von Ihnen dienen in unserer eigenen Missionsarbeit auf den Philippinen.

Unter diesen Bibelschülern waren bis jetzt auch eine ganze Reihe Jungen und Mädchen von den Stämmen der Manobo und T'Boli aus den Bergen und Wäldern von Mindanao. Denn mittlerweile wurde die Arbeit unter den Bergvölkern auf Mindanao zu einem wesentlichen Zweig der Mission auf den Philippinen. Sowohl Edgar Bantigue als auch Randolf Wetzel setzten sich in ganz besonderer Weise für diesen Arbeitszweig ein. Bis heute gibt es 8 Gemeinden unter den Manobo und ebenso 8 Gemeinden unter den T'Boli. In beiden Stämmen wurden auch Bibel-Trainings-Zentren eingerichtet.

Während sich die Missionsarbeit der CFF bis vor etwa drei Jahren im Wesentlichen auf den mittleren Abschnitt der Philippinen und auf Mindanao beschränkte, gibt es aber heute auch bereits vier Gemeinden im Umfeld der Hauptstadt Manila im Norden.

Heute umfaßt die Missionsarbeit der Odenwälder Heidenmission in Zusammenarbeit mit Christ Faith Fellowship Philippines über 100 stabile Muttergemeinden auf den Inseln Cebu, Bohol, Negros, Leyte, Samar, Siargao, Mindanao und im Raum Manila, dazu mehrere Außenstationen mit insgesamt über 14.000 Mitgliedern.

Seit 1997 befindet sich die Missionszentrale auf der Insel Mactan, die mit Cebu City durch eine Brücke verbunden ist. Dort befindet sich auch der internationale Flughafen von Cebu City. Hier konnten wir ein Missionshaus mit Verwaltungsräumen bauen. Außerdem entsteht ein weiteres Zentrum mit einem angeschlossenen, neuen Kinderheim. Auch das Göttingen-Boot (inzwischen die ›Göttingen III‹) ist auf der Insel stationiert und unternimmt von Mactan aus ihre Fahrten zu den kleinen Inseln.

Es wäre noch vieles zu schreiben. Unsere Ordner sind voll von Berichten und Informationen aus 25 Jahren Missionsarbeit auf den

Philippinen. Wahrscheinlich wäre es leicht, nochmals ein ganzes Buch damit zu füllen. Doch es mag mit dem genug sein, was wir mit unserem Buch ›7.000 Inseln‹ erreichen wollten.

Wir haben erlebt, wie uns Gott in Deutschland einen Auftrag gegeben hat, wie er alles vorbereitete, daß dieser Auftrag ausgeführt werden konnte. Wir haben Höhen und Tiefen, Fortschritte und Rückschläge erlebt. Aber heute, an der Schwelle zum Jahr 2.000, können wir bezeugen: Gott hat Großes getan. 25 Jahre Missionsarbeit auf den Philippinen war nicht vergeblich gewesen.

Als wir vor 25 Jahren anfingen, auf den Philippinen missionarisch zu arbeiten, wußten wir von keiner deutschen Mission, die vor uns dort gearbeitet hätte. Und wenn es jemals vor 1970 eine dort gegeben haben sollte, dann keine pfingstlich orientierte und auch keine in den Gebieten, in denen wir arbeiteten.

Mittlerweile wendet sich allmählich das Blatt. Ein ganz neues Kapitel der Philippinen-Mission hat begonnen. Und dies nicht nur für unsere eigene Christ Faith Fellowship dort, sondern auch für andere Missionsgruppen: Schon werden die ersten ›philippinischen Missionare‹ in andere Länder ausgesandt. Selbst nach Deutschland sind solche gekommen, die sich hier niedergelassen haben und zunächst unter ihren Landsleuten arbeiten. Auch die ›CFF Philippines‹ hat ihre ersten Sendboten ausgesandt: nach China, Thailand, Nepal und bald auch nach Indien und andere asiatische Länder.

Es ist sehr, sehr lange her, daß auf einer Missionskonferenz der Odenwälder Heidenmission von einer göttlichen Vision berichtet wurde: Man sah im Gesicht unter anderem einen großen, starken Pfeil, der von Deutschland aus auf die Philippinen abgeschossen wurde. Danach sah man viele kleine Pfeile, die von den Philippinen ausgingen und in die Länder Asiens flogen. Was immer auch noch näher dazu gesehen und gesagt wurde, das ist mir entfallen. Aber wir sehen vor unseren Augen, wie alles Wirklichkeit wird, wenn es von Gott gezeigt wurde. Einen Propheten kann man daran prüfen, daß seine Weissagungen eintreffen, andernfalls ist er kein Prophet des lebendigen Gottes.

Seit einigen Jahren haben wir das Schlagwort: EIN HERZ FÜR DIE MISSION. – Haben wir ein Herz für die Mission? Jesus rief seine Jünger dazu auf: »In alle Welt zu gehen, um die Botschaft der Errettung und Erlösung allen Menschen zu bringen.« Auch wir sind Jesu Jünger, Fazit: Ist unser Herz mit Jesus verbunden, dann haben auch wir ›ein Herz für die Mission‹. Wie sollte es auch anders sein? Der große Missionsmann Oswald Smith aus Kanada prägte den Spruch: ›Gerettet sein bringt Rettersinn!‹

Wie kann ich aber unter Beweis stellen, daß ich Jesu Befehl als Jünger ernst nehme und ein ›Herz für die Mission‹ habe?

Ich kann selbst in die Mission gehen. Ich kann geben, daß andere missionieren können. Ich kann dafür beten, daß Mission getrieben wird. Zwei dieser drei Möglichkeiten richten sich nach unseren persönlichen Umständen: Zum Gehen brauche ich einen Ruf und zum Geben brauche ich die Mittel.

Wer die Mittel hat, aber selbst nicht gehen kann, der muß Gott fragen, wie und was er für die Mission geben soll. Ganz sicher gilt auch hier das Wort: »Wer da kärglich sät, der wird auch kärglich ernten, wer aber im Segen sät, der wird auch im Segen ernten.«

Wer weder selbst gehen noch selbst geben kann, der kann aber auf jeden Fall beten. Das Wort Jesu: »Bittet den Herrn der Ernte, daß er Arbeiter in seine Ernte sende, denn die Ernte ist groß und wenige sind der Arbeiter,« gilt uns allen.

7.000 Inseln auf den Philippinen, das ist eine große Herausforderung. Wie steht es mit den 14.000 Inseln Indonesiens? Mit den Zig-tausenden in den Ozeanen unserer Erde? Alle Inseln sollen und werden vom Evangelium erfaßt werden. Dies wußten bereits die alten Propheten lange bevor Jesus den Missionsbefehl an seine Jünger weitergab.

Jesaja rief aus: »Höret zu, ihr Inseln in der Ferne; und ihr Völker merket auf!« (Jes. 49,1).

Und von den Boten Gottes spricht Jesaja: »Sie sollen dem HErrn die Ehre geben und seinen Ruhm auf den Inseln verkünden.«

In Jesaja 42,10 lesen wir: »Singet dem HErrn ein neues Lied, seinen Ruhm an den Enden der Erde, die ihr auf dem Meer fahret, und was im Meer ist, ihr Inseln und die darauf wohnen!«

Der Prophet Zefania ruft: »Heilig wird über ihnen der HErr sein; denn er wird alle Götter auf Erden vertilgen, und es sollen ihn anbeten alle Inseln der Heiden, ein jeder an seiner Stätte,« (Zef. 2,11).

Und der Psalmist jubelt: »Der HErr ist König; des freue sich das Erdreich und seien fröhlich die Inseln, soviel ihrer sind.« (Psalm 97,1).

Die dunklen Landesteile bilden die Hauptmissionsgebiete der Odenwälder Heidenmission e.V.

Evangelist Klaus Püplichhuisen war für die OHM viele Male auf den Philippinen. Hier predigt er bei einer Freiversammlung auf der Insel Negros.

Auch Britta Wetzel, Sabine Assmus und Helga Brutsch sind unter den Zuhörern, von Sonnenschirmen überdacht.

Peter Assmus besuchte im Januar 1985 zum ersten Mal die Philippinen. Hier in Surigao City mit Friederich Lückhof und Mitarbeitern.

Nach vielen Jahren waren auch Stefan und Helga Ross für einige Wochen wieder im Einsatz. Viele kannten sie noch und freuten sich über ihr Kommen.

Klaus Püplichhuisen predigt über einen Rundfunksender in Cebu City in englischer Sprache.

Als Pastor Heinrich Hartmann aus Hildesheim unsere Mission auf den Philippinen besuchte, kaufte er einen Kleintransporter, der für missionarische Einsätze dringend gebraucht wurde.

Durch gute Planung und Vorbereitung von Edgar und Edna Bantigue hatte die Gesangsgruppe »Dolf & Family« aus Altensteig eine gesegnete Tournee in Cebu.

Pastor Edgar Bantigue, seit 1988 Leiter der CFF-Philippines, in seinem Büro.

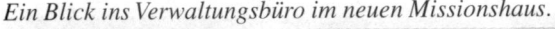

Ein Blick ins Verwaltungsbüro im neuen Missionshaus.

März 1997. Die gesamte Leiterschaft der CFF zusammen mit Britta Wetzel und Siegfried Schreiber.

Familie Bantigue 1998.

234

Weiterflug inner-
halb der Philippi-
nen.
Britta Wetzel,
Tanja Assmus,
Elke Assmus und
Alwine Lückhof
(1987).

Auch hier ein Foto vor dem Flughafen von Cebu City mit Elke Assmus, Ran-
dolf und Britta Wetzel und dem CFF-Vorstand mit Ehefrauen (1990).

Seit 1996 eigenes Missionshaus mit Verwaltung auf der Insel Mactan bei Cebu City.

Missionszentrum in Heppenheim (dazu Verwaltungsbüro in Erlenbach) als deutsche Missionszentrale der Odenwälder Heidenmission e.V.

NACHWORT

Der Evangelist Lukas schrieb die Apostelgeschichte. Dieses Buch hat aber keinen Abschluß. Es endet lediglich mit der Feststellung: »Paulus aber blieb zwei volle Jahre in seiner eigenen Wohnung und nahm alle auf, die zu ihm kamen, predigte das Reich Gottes und lehrte von dem Herrn Jesus Christus mit allem Freimut ungehindert.«

In der Bibel finden wir 28 Kapitel Apostelgeschichte. Wieviele Kapitel hat die Fortsetzung bis zum heutigen Tag? Es sind viele Millionen. Der ganze Umfang dieser Aufzeichnungen kann nur im Himmel exakt registriert werden. Durch die Geschichte hindurch wurden viele tausend Bücher geschrieben. Sie enthalten wunderbare und auch erschreckende Zeugnisse und Berichte über die Verkündigung des Evangeliums in der ganzen Welt. Es gibt aber auch viele tausend Kapitel, die nie zu Papier gebracht wurden. Niemand konnte sie aufzeichnen, niemand sie veröffentlichen. –

Auch das Buch »7.000 Inseln«, das Sie gelesen haben, ist ein kleines Kapitel dieser großartigen Missionsgeschichte; ein ganz kleines Rädchen im ›großen Uhrwerk‹ des Reiches Gottes. Ich bin davon überzeugt, daß beim Lesen dieses Buches ein ›Hauch von Apostelgeschichte‹ den aufmerksamen Betrachter umgeben hat.

Nun sollen aber Zeugnisse und Berichte nicht nur die Geschichte, die Vergangenheit darstellen und sichtbar werden lassen. Die Gegenwart muß von der Vergangenheit inspiriert werden, um in die Zukunft tätig zu sein. Mit anderen Worten: Wenn das Gelesene dazu beiträgt, unsere Herzen mit Liebe für die Mission zu erfüllen, dann war die Mühe nicht umsonst, die mit der Herstellung dieser Dokumentation verbunden war.

›Ein Herz für die Mission‹. Wir haben dieses Motto mit Überlegung gewählt. Es bedeutet nichts Anderes, als Jesu Missionsbefehl ernstzunehmen und bereit zu sein, ›in alle Welt zu gehen‹. Und wer selbst nicht gehen kann, mag dazu beitragen, daß Andere gehen können.

Die Zukunft liegt vor uns. Wieviele Jahre haben wir noch, um missionieren zu können? Wir wissen es nicht. Aber wir wissen, daß ein Zeitalter seinem Ende entgegen geht. Jesus hat auch gesagt:»Wirket, solange es Tag ist, denn es kommt die Nacht, da niemand mehr wirken kann!«

Wer mithelfen will, daß auch die Odenwälder Heidenmission e.V. in der vor uns liegenden Zeit weiterarbeiten kann, ist dazu herzlich eingeladen. Viele alte Freunde sind nicht mehr. Sie haben ihr himmlisches Ziel erreicht. Neue Freunde sollten ihren Platz einnehmen. Wir freuen uns über jeden Missionsfreund, der uns hilft, damit wir draußen auf den Missionsfeldern helfen können.

Man kann das vorliegende Buch »7.000 Inseln« auch sehr gut zu entsprechenden Anlässen an Freunde verschenken. So mancher wird vielleicht dadurch für die Sache der Mission gewonnen.

Ihr Peter Assmus

ODENWÄLDER HEIDENMISSION E.V. D-64658 Fürth-Erlenbach Telefon 06253-3779 Telefax 06253-5958. Bankverbindung: Volksbank Weinheim e.G. BLZ 670 923 00 Konto 50 9080 03.

KLETOS-Aktuell 302
ISBN 3-924389-14-4
148 Seiten, farbiger Einband
Verlag Peter Assmus
Empfohlener Verkaufspreis DM 12.80

Vom ersten Kapitel an und durch das ganze Buch
hindurch gibt es erschreckende Fakten, die zur Be-
urteilung unserer religiösen Situation von größter
Wichtigkeit sind. Doch wer Gott sucht, erhält auch
eine klare Antwort auf die Frage nach einem ret-
tenden Ausweg.

KLETOS-Taschenbuch 107
ISBN 3-924389-12-8
48 Seiten, farbiger Einband
Verlag Peter Assmus
Empfohlener Verkaufspreis DM 4.80

Hier wird in packender Weise die Lebens- und Lei-
densgeschichte einer Judenchristin geschildert, die
aber trotz unsagbarer Leiden in der Lage war zu
vergeben. Das Taschenbuch eignet sich sehr gut,
besonders auch der jüngeren Generation in die
Hand gegeben zu werden.

KLETOS-Taschenbuch 108
ISBN 3-924389-13-6
64 Seiten, farbiger Einband
Verlag Peter Assmus
Empfohlener Verkaufspreis DM 4.80

Eine junge philippinische Missionarin in China –
ihre Lebensgeschichte, ihre Berufung, ihre göttlichen Führungen und wunderbaren Erlebnisse; ein
aktueller Gegenwartsbericht.

KLETOS-Taschenbuch 101
64 Seiten, farbiger Einband
ISBN 3-924389-00-4
Verlag Peter Assmus
Empfohlener Verkaufspreis DM 4.80

Hier wird in Aufsätzen behandelt, was in der Offenbarung, Kapitel 1 bis 7, ausgesagt wird. Der Schwerpunkt liegt bei der Enthüllung der ersten sechs Siegel bis zur Entrückung der Gemeinde Jesu. Es handelt sich also um den ersten Teil der Endzeitgeschehnisse, für die aber keine Zeitspanne ihrer Dauer erkennbar ist.

KLETOS-Taschenbuch 102
80 Seiten, farbiger Einband
ISBN 3-924389-01-2
Verlag Peter Assmus
Empfohlener Verkaufspreis DM 5.80

Hier werden in der Fortsetzung des Themas 14 Aufsätze gebracht, welche die Kapitel 8 bis 16 umfassen. Der Schwerpunkt liegt auf den Gerichtsphasen für die Endzeit; die »große Trübsal«. Sie betrifft eine genau festgelegte Zeitspanne von 42 Monaten und endet mit der Vernichtung des Antichristen.

KLETOS-Taschenbuch 106
96 Seiten, farbiger Einband
ISBN 3-924389-07-1
Verlag Peter Assmus
Empfohlener Verkaufspreis DM 6.80

Der dritte Band aus der Reihe »Aufsätze zur Johannesoffenbarung« befaßt sich mit dem Endzeit-Phänomen: »Antichrist, falscher Prophet und Weib auf dem Tier«, wie in der Offenbarung beschrieben. Der Autor hat aber auch einen großen geschichtlichen Bogen gespannt, um einleitend die satanische Verschwörung besser verständlich zu machen.